Cornelia Härtl stammt aus Süddeutschland. Erste berufliche Erfahrungen sammelte sie in München in der First-Class-Hotellerie, bevor sie in Frankfurt am Main Betriebswirtschaft studierte. Sie arbeitete als Marketingmanagerin, in Leitungsfunktionen im sozialen Bereich und war in der Erwachsenenbildung tätig. Viele Jahre engagierte sie sich darüber hinaus ehrenamtlich. Neben Fachartikeln und Kurzgeschichten schreibt sie Sozialkrimis sowie Cosy Crime. Unter anderen Namen veröffentlicht sie heitere Unterhaltungsromane, Mystery und Erotik. Cornelia Härtl ist verheiratet und lebt südlich von Frankfurt.

Amore für Fortgeschrittene

Cornelia Härtl

Erstausgabe Mai 2022

© 2022 dp Verlag, ein Imprint der dp DIGITAL PUBLISHERS GmbH

Made in Stuttgart with ♥
Alle Rechte vorbehalten

Amore für Fortgeschrittene

ISBN 978-3-98637-362-7
E-Book-ISBN 978-3-96817-983-4

Covergestaltung: Herzkontur – Buchcover & Mediendesign
Umschlaggestaltung: ARTC.ore Design
Unter Verwendung von Abbildungen von
shutterstock.com: © Alter-ego, © Stanislav Samoylik,
© Maks Narodenko, © Valentyn Volkov, © Maya Kruchankova,
© Gaspar Janos, © Krasimir Kanchev, © studiovin
Lektorat: Larissa Wagnetter
Satz: dp DIGITAL PUBLISHERS GmbH
Druck und Bindung: Books on Demand GmbH, Norderstedt

Das Werk darf – auch teilweise – nur mit
Genehmigung des Verlages wiedergegeben werden.

Sämtliche Personen und Ereignisse dieses Werks sind frei
erfunden. Etwaige Ähnlichkeiten mit real existierenden Personen,
ob lebend oder tot, wären rein zufällig.

01

Es gibt Tage, an denen das Leben nur Ohrfeigen verteilt.

Ausgerechnet an meinem 55. Geburtstag bekam ich das schmerzhaft zu spüren.

Der 12. April fiel dieses Jahr auf einen Freitag, am Abend war Party angesagt. Mir hätte auch ein schickes Abendessen mit meinem Mann Gerald in einem schönen Lokal gereicht. Aber wenn man in einer Kleinstadt lebte, in einer gemütlichen Straße mit netten Einfamilienhäusern, in der sich die meisten Bewohner bereits ewig kannten oder zumindest zu kennen glaubten, kam man nicht drumherum, an einem solchen Tag Freunde und Bekannte einzuladen. Auch wenn ich den Eindruck hatte, mit jedem Lebensjahr unscheinbarer zu werden und das nicht unbedingt feiern zu müssen.

„Frauen werden mit dem Einsetzen der Wechseljahre unsichtbar. Das ist ein Naturgesetz", erklärte mir meine Freundin Sieglinde dazu. Sie wusste es vermutlich besser als ich, weil sie erstens ein Jahr älter war und zweitens bereits mit Ende Vierzig in die Hitzewelle geraten war, die ein Frauenleben nachhaltig durcheinanderschüttelte. Auch Sieglinde hatte sich seit damals verändert. Sie engagierte sich ausdauernd ehrenamtlich, trug einen praktischen Kurzhaarschnitt, dazu bedenkenlos beigefarbene Hosen mit Gummizug und Gesundheitsschuhe.

„Herzlichen Glückwunsch zum Geburtstag, Hanni!", rief mir unser Nachbar Hugo übern Zaun hinweg zu, als ich an diesem Tag morgens um neun in Eile das Haus verließ. Dabei fuchtelte er wild mit der Gartenschere herum, mit der er gerade seinen Hartriegel bearbeitete. „Soll ich euch nachher das Zelt und die Heizpilze rüberbringen?" Hugo war schon seit Jahren in Rente und wurstelte in der warmen Jahreszeit stets im Garten des kleinen, zartblau verputzten Hauses zu unserer Linken herum. Außerdem war er derjenige in unserer Straße, der für jedes Wetter und jedes Fest gerüstet war.

„Leg alles in unseren Garten, ich sag Gerald Bescheid, damit er dir später beim Aufbau hilft", murmelte ich und fügte der Liste der Dinge, die ich an diesem Tag noch zu erledigen hatte, einen Punkt hinzu. Vor dem Feiern stand der Stress, das war leider immer so.

Einmal im Jahr, dachte ich dann bei mir. Und *feiern ist nur für die Gäste wirklich entspannend.*

Friseur, Kosmetik und Maniküre standen an diesem Vormittag auf meinem Plan. Schließlich wollte ich beglückwünscht und nicht bemitleidet werden. Danach musste ich bei Metzger und Bäcker die vorbestellten Würste, Koteletts, Steaks, und Brötchen abholen. Sieglinde würde ihren sensationellen Kartoffelsalat beisteuern. Um die Getränke wollte Gerald sich auf dem Heimweg kümmern.

Ich fühlte mich durch die gedanklichen Vorbereitungen bereits gestresst, als ich mich zehn

Minuten später mit meinem roten Mini in eine Parklücke auf der an diesem Morgen viel befahrenen Bahnhofstraße quetschte.

Als erstes Ziel steuerte ich den cremefarben und schwarz designten *Haarsalon Schneider* an. Dort begrüßte mich die Chefin persönlich.

„Regina hat sich leider heute krankgemeldet, Sie müssen mit einer Vertretung vorliebnehmen", empfing mich Frau Schneider mit Bedauern im Blick. Mir schwante nichts Gutes, denn bei dieser Ansage machte ich mich auf eine längere Wartezeit gefasst. Aber das war nicht das Schlimmste. Regina war etwas ganz Besonderes. Wer, wie ich, eigenwillige Haare voller Wirbel und mit einem egozentrischen Eigenleben auf dem Kopf trug, wusste genau, wovon ich sprach. Zu viele unsägliche Frisuren musste ich im Laufe meines Lebens schon nach Hause tragen. Einmal hatte ich sogar einem Pudel geähnelt! Bis ich Regina fand. Sie war meine Frisurenflüsterin. Die Frau, die buchstäblich jede meiner Strähnen um den Finger wickeln konnte. Und ausgerechnet heute war sie krank!

„Ich bin Jessica-Marleen", stellte sich mir mitten in meine schlimmsten Befürchtungen hinein Reginas Vertretung vor. Sie hätte nicht beunruhigender aussehen können. Ein junges Ding mit gewollt unordentlichem, ultrakurzem Haarschnitt, blinkendem Metall im Gesicht und einem extrem eng sitzenden T-Shirt mit der Aufschrift *Love Victim* am überschlanken Leib. Sie kaute konzentriert auf einem Kaugummi und starrte mit undefinierbarem Ausdruck auf meinen Kopf. Ängstlich folgte ich ihr zum Friseurstuhl und hielt mich dabei verkrampft an meiner Tasche fest. Was würde sie meinen Haaren antun?

„Heute Abend muss ich gut aussehen", versuchte ich, ihr die Bedeutung der heutigen Frisur klarzumachen.

„Kein Problem. Wie möchten Sie es haben?"

Wir verständigten uns in den folgenden Minuten darauf, meinen herausgewachsenen Bob auf Kinnlänge zu kürzen, die grauen Ansätze mit dunkelblonden Strähnchen zu kaschieren und insgesamt etwas Schwung und Volumen hineinzubringen. Dazu ein wenig Glanz und Gloria. Während ich versuchte zu erklären, was Regina sonst noch so mit mir machte, nagte Jessica-Marleen beunruhigend intensiv an ihrer gepiercten Unterlippe. Würde sie mich verstehen? Oder würde ich hinterher auf dem Kopf so aussehen wie sie und den ganzen Abend über eine Kappe tragen müssen?

„Dazu Gesichtsmassage, Maske, Wimpernfärben und Maniküre."

„Also, das ganze Programm. Dann fangen wir mal an."

Wenigstens verlor sie keine Zeit.

Eine halbe Stunde später entspannte ich mit Farbe auf Wimpern, Brauen und Haar, sowie einer vanillegelben Maske auf dem Gesicht. Jessica-Marleen hatte trotz ihrer Jugend, ihrer Piercings und ihres Namens bisher einen ganz guten Eindruck auf mich gemacht. Sie redete nicht viel und schien zu wissen, was sie tat. Gerade feilte sie an meinen Nägeln.

„Es wird schon nicht so schlimm werden", dachte ich bei mir. Rückblickend kann ich sagen, dass ich recht gehabt hatte. Es wurde nicht schlimm. Es wurde schlimmer.

***

Die erste Ohrfeige des Tages kündigte sich an, als Jessica-Marleen gerade den Nagellack mit dem schönen Namen *Soft Coral Kiss* auf meine Nägel strich. Es handelte sich, so hatte man mir versichert, um einen dezenten Korallenton, der wunderbar mit meinem Teint und meiner Haarfarbe harmonieren würde. Ich liebte Harmonie in jeder Lebenslage und nickte daher begeistert zu diesem Vorschlag. Doch während der Bemühungen der jungen Friseurin, den Lack auf meine frisch gefeilten und polierten Nägel aufzutragen, erwischte mich eine schreckliche Hitzewallung. Nicht eine derjenigen, die typisch für diese Zeit des Wandels waren und die ich schon fast hinter mir gelassen hatte.

„Es kribbelt", informierte ich stattdessen Jessica-Marleen. „Auf meinem Gesicht", fügte ich erklärend hinzu. Nicht, dass sie etwas Falsches von mir dachte!

Die junge Friseurin legte meine Hand auf einem Tuch ab, ich hörte, wie sie die Nagellackflasche zuschraubte und aufstand. Sie beugte sich über mich.

„Ach du Scheiße", entfuhr es ihr unhöflich, dann hörte ich sie quer durch den Salon nach Frau Schneider rufen. „Chefin!"

„Was ist los?", murmelte ich.

Die Maske spannte etwas um den Mund herum und wegen der Wimpernfarbe konnte ich die Augen nicht öffnen. Niemand antwortete mir, ich hörte eiliges Füßetrappeln und halblaut gemurmelte, immer panisch klingendere Worte. Meine Haut fing an zu jucken, und nur das frisch aufgetragene *Soft Coral Kiss* hielt mich davon ab, mich ausgiebig zu kratzen. Nun war auch Frau Schneider bei mir angekommen. Ich hörte, wie sie scharf die Luft einzog. „Die Maske muss sofort runter", befahl sie ihrer Mitarbeiterin hektisch, bevor sie sich an mich wandte und mir dabei beruhigend die Hand auf die Schulter legte.

„Frau Roos, ich fürchte, wir haben es mit einer allergischen Reaktion zu tun."

Das erklärte einiges. Meine Haut fühlte sich an, als hätte ich einen Sonnenbrand allererster Güte. Hektisch fuhr mir nun jemand, Jessica-Marleen nahm ich an, mit einem feuchten Lappen übers Gesicht, während sich Frau Schneider laut darüber ausließ, dass ich doch diese Maske bisher immer gut vertragen hatte.

„Die haben doch alle Rezepturen geändert", mischte sich jetzt eine weitere Mitarbeiterin ein. Halblaut gemurmelte Worte waren die Antwort.

Endlich hatte man mich von der Maske befreit und von der Wimpernfarbe gleich mit. Ich schlug die Augen auf, die inzwischen ebenfalls brannten. Langsam hoben sich die verquollenen Lider und gaben den Blick auf zwei erschrocken dreinblickende Gesichter frei. Schon bevor ich mein Konterfei im Spiegel erspähen konnte, war mir klar, dass ich schrecklich aussehen musste.

„Aloe Vera", murmelte die Salonbesitzerin mit blassen Lippen, „Da hilft nur noch Aloe Vera."

Eine Stunde später verließ ich den Salon Schneider mit immer noch brennendem Gesicht, roten Augen und einer großen Flasche Aloe Vera in der Tasche. Die hatten sie mir kostenlos mitgegeben, damit ich meine Haut im Laufe des Tages weiter kühlen konnte. Die Leute auf der Straße sahen mich seltsam an. Ein kleines

Kind zeigte mit dem Finger auf mich und kreischte „Winnetou". Am liebsten hätte ich mir eine Papiertüte über den Kopf gezogen und den ganzen Tag abgesagt. Mir war zum Heulen zumute.

Das war der vorläufige Tiefpunkt des Vormittags. Dann hatte ich mein Auto erreicht und stieg so eilig ein, dass ich mir das Knie anschlug. Fluchend blickte ich in den Innenspiegel. Es hatte sich in den vergangenen zwei Minuten nichts geändert. Mein Gesicht schimmerte krebsrot, die Augen waren verquollen. Aber die Frisur – tipptopp.

***

Hugo stand immer noch – oder schon wieder – am Zaun, als ich den Wagen schwungvoll in unsere Einfahrt setzte.

„Schicke Frisur", rief er mir zu, als ich ausstieg. „Aber was ist mit deinem Gesicht los?"

Ich winkte hektisch ab und rannte so schnell es ging ins Haus. Mit etwas Glück würde ich am Abend einigermaßen normal aussehen. Aber jetzt ... schrecklich. Ich schrie sogar kurz auf, als ich mein verunstaltetes Antlitz im Spiegel erblickte. Panisch trug ich eine große Portion des kühlenden Gels auf. Danach sah ich immer noch rot und geschwollen aus, dazu jetzt feucht glänzend. Mein Gesicht erinnerte an einen der lackierten Paradiesäpfel, die es auf Jahrmärkten zu kaufen gab. So konnte ich unmöglich aus dem Haus! Gerald musste früher heimkommen, um mir die Fahrten zu Metzger und Bäcker abzunehmen.

„Ihr Mann hat das Büro bereits verlassen", informierte mich seine Sekretärin wenige Minuten später. Verwundert schaute ich auf die Uhr. Es war gerade mal elf vorbei. War Gerald früher aufgebrochen, um die Getränke zu holen? Merkwürdig.

Ich bedankte mich für die Auskunft und wählte Geralds Handynummer. Es antwortete nur die Mailbox und ich hinterließ eine Nachricht.

Kurz entschlossen rief ich Hugo an, statt nach draußen zu gehen. Eine weitere Bemerkung über den unvorteilhaften Zustand meines Gesichts würde ich nicht ertragen!

„Kannst du jemanden auftreiben, der dir beim Aufbau hilft?", fiel ich rhetorisch mit der Tür ins Haus. „Gerald muss ungeplant einige der Dinge erledigen, die eigentlich ich übernehmen wollte."

Hugo brummte eine Zustimmung in den Hörer. Zehn Minuten später sah ich ihn in unserem Garten herumwuseln, zusammen mit zwei anderen Rentnern aus der Straße. Das war die positive Seite der Nachbarschaft. Wir halfen uns alle gegenseitig in Haus und Garten, hüteten Haustiere und Kleinkinder, leerten Briefkästen, gossen Blumen, nahmen Pakete an. Der Nachteil ergab sich genau daraus. Jeder wusste über jeden Bescheid, zumindest in den Dingen, die an der Oberfläche lagen. Nachbarschaftsstreit, Geldsorgen, Krankheiten, schlecht getarnte Affären, ungezogene Kinder. Allergien im Gesicht. Ich wandte mich wieder meinem Spiegelbild zu und hoffte dabei, das Rot hätte inzwischen ein wenig nachgelassen. So, wie es jetzt aussah, harmonierte mein Teint keinesfalls mit meinen frisch manikürten Nägeln!

Irgendwo im Haus klirrte es in diesem Moment gewaltig. Gleich darauf stob unser schwarzer Kater

Mikesch mit einem unfreundlichen Fauchen an mir vorbei durch die Katzenklappe hinaus. Die Bescherung, die er angerichtet hatte, fand ich im Wohnzimmer. Die gläserne Vase lag zerschmettert am Boden, Wasser floss übers Parkett und garniert wurde das alles mit den Blütenblättern der roten Rosen, die Gerald mir am Morgen geschenkt hatte. 25 Stück, wie jedes Jahr. Denn an meinem 25. Geburtstag hatten wir uns kennengelernt. Die Erinnerung an diesen Tag zauberte mir wieder einmal ein Lächeln auf die Lippen. Mein Mann war schon damals ein Romantiker gewesen. Er hatte mir, gerade zu Beginn unserer Beziehung, fast jeden Wunsch von den Augen gelesen. Auch im Laufe der darauffolgenden Jahre überraschte er mich immer wieder mit kleinen Beweisen seiner Liebe. Blumen, Abendessen in schicken Lokalen, Wochenendtrips. Niemals hatte er einen Geburtstag oder Jahrestag vergessen. Und auch dieser Tag hatte mit einem ans Bett servierten, liebevoll hergerichteten Frühstück und eben diesem Rosenstrauß begonnen. Gerald hatte schon immer Freude daran gehabt, mich an besonderen Tagen zu verwöhnen. „Alles Gute, mein Schatz. Ich freue mich auf heute Abend", hatte er noch gemurmelt und mir einen Kuss aufs zerdrückte Haar gehaucht, bevor er das Haus verlassen hatte. Nun lagen die schönen Rosen zerfleddert am Boden. Was auch immer Mikesch dazu gebracht hatte, die Blumen zu attackieren, er hatte eine riesige Sauerei veranstaltet!

Während ich die Bescherung aufräumte und dabei nicht nur meine Lieblingsvase, sondern dazu die Liebesbeweise meines Gatten in der Mülltonne entsorgte, schwor ich mir, Mikesch in Zukunft in die Diele zu sperren, wenn ich das Haus verließ. Nach der Aktion war ich in Fahrt und beschloss, schon einmal das Geschirr und Besteck zusammenzutragen. Als es zwei Stunden später an der Haustür klingelte, war mein beklagenswerter Zustand fast vergessen.

***

„Frau Roos?" Vor mir standen zwei Männer. Beide trugen Polizeiuniform.

Automatisch ging ich beim Anblick der Gesetzeshüter mein Sündenregister durch. War ich zu schnell gefahren nach meinem vormittäglichen Schock? War mein Rücklicht defekt?

„Frau Hannelore Roos?", konkretisierte der ältere der beiden. Der Jüngere schaute mir mit unverhohlenem Erschrecken im Blick ins Gesicht. Ich starrte zurück, verwirrt und ebenfalls irgendwie erschrocken.

„Ja. Ich bin Hannelore Roos", antwortete ich endlich und unterbrach die gegenseitige Musterung.

„Es tut uns leid, Frau Roos. Wir haben eine schlechte Nachricht für Sie." Wieder der Ältere. Er blickte kurz auf seine Schuhspitzen, bevor er mich bat, eintreten zu dürfen. Völlig verdattert öffnete ich die Tür ganz und ließ die beiden herein. So standen wir da in der engen Diele, zwischen Kästen voller Senftuben, Papierservietten, Gläsern und Geschirr.

„Ich habe Geburtstag. Das ist für die Feier heute Abend", erklärte ich.

Die Polizisten hatten inzwischen ihre Mützen abgenommen und drehten sie synchron in den Händen. Der Jüngere schaute unsicher zu seinem Kollegen hinüber. Der räusperte sich und blickte mich ernst an.

„Frau Roos, sind Sie die Ehefrau von Herrn Gerald Roos?"

Auf einmal schwoll in meinem Hals etwas an. Etwas, das vorher nicht da gewesen war, nahm die Größe eines Tennisballs an. Ich schluckte so angestrengt, dass aus meiner Kehle ein dumpfes, schwer klingendes Geräusch kam.

„Ja", krächzte ich und stützte mich vorsichtshalber mit der Hand auf der Kredenz hinter mir ab. Im selben Moment erfasste mich heftige Panik und löste einen rasanten Schwindel in meinem Kopf aus.

„Was ist mit Gerald!? Was ist mit meinem Mann!?", schrie ich die beiden an. Der Jüngere wich einen Schritt zurück und stieß dabei an eine der Geschirrkisten. Das laute Scheppern verursachte einen stechenden Kopfschmerz. Kleine Blitze zuckten vor meinen Augen. *Das muss Migräne sein*, schoss es mir durch den Kopf, noch bevor der Donnerschlag einsetzte.

„Es gab einen Vorfall", versuchte der ältere Polizist mir beizubringen, was ich in diesem Moment mit unheimlicher Gewissheit schon kommen sah.

„Hat er ... ist er ...", stammelte ich.

Die beiden Männer nickten, wieder synchron.

„Ja. Leider. Ihr Mann, Frau Roos, ihr Mann ist tot."

Jetzt setzte der Schwindel erneut ein, dieses Mal so heftig, dass ich mich mit beiden Händen an die Kredenz klammerte.

„Tot?", echote ich. „Aber ... wir wollten doch heute ... mein Geburtstag ... das Zelt ... unsere Tochter ... ich muss sie anrufen ..." Mein sinnfreies Gestammel ging unter den mitfühlenden Blicken der beiden Polizisten noch eine Weile weiter, bevor ich einen Moment der Klarheit hatte.

„Wie ist es passiert?", wollte ich wissen. Vor meinem geistigen Auge spielten sich dramatische Szenen ab. Ein Autounfall, ein verrückter Raser, vielleicht sogar ein Schusswechsel bei einem Banküberfall? Der ältere der beiden Polizisten blickte weg von mir und merkwürdigerweise war das der bisher schlimmste Moment des Tages. Bevor der Allerschlimmste kam.

„Also, ihr Mann, der Herr Roos, ist eines natürlichen Todes gestorben", schwurbelte der Polizist. Sein jüngerer Kollege sah ihn von der Seite an wie ein hypnotisiertes Kaninchen.

„Kein Unfall? Keine Schießerei?"

Beim letzten Wort ruckten die Köpfe der beiden gleichzeitig nach oben. Die Männer sahen mich erschrocken an.

„Wieso Schießerei?", fragte der Jüngere misstrauisch nach, bevor sein Kollege ihn mit einem Seitenhieb stoppte.

„Nichts dergleichen. Ihr Mann ist ohne äußere Gewalteinwirkung von dieser Welt gegangen", verkündete er hochtrabend und schaute mich bittend an. Er wollte nicht, dass ich weiterfragte, ich tat es dennoch.

„Was ist passiert?"

Wieder ein Blick zwischen den beiden, ein kaum wahrnehmbares Achselzucken. Die Stimme des Älteren war kaum zu verstehen bei dem, was er als nächstes sagte.

„Ausnahmesituation ... Herzinfarkt ... ging ganz schnell ... Notarzt ... nur noch den Tod feststellen."

„Herzinfarkt?" Soweit ich wusste, war das Herz meines Gatten kerngesund.

„Das kann nicht mein Mann sein", verkündete ich also mit neu gewonnener Zuversicht im Brustton der Überzeugung. „Vielleicht handelt es sich um eine Verwechslung?"

Herzinfarkt, so ein Blödsinn.

„Keine Verwechslung, Frau Roos."

„Und wie und wo, bitte schön, soll das passiert sein?"

Was die Polizisten mir dann so schonend wie möglich beibrachten, war dies: Gerald hatte sein Büro im Frankfurter Westend früher als gewöhnlich verlassen. Er war von dort aus in ein nobles Innenstadthotel gefahren, wo er den Besuch einer Dame empfangen hatte. Zu eindeutigen Handlungen, da gab es kein Vertun. Mittendrin, quasi als und mit dem Höhepunkt der ganzen Chose, ereilte meinen Mann bei diesem Treiben der Herztod.

„Zack. Bumm. Tot", hatte es die Liebesdienerin beim anschließenden Verhör durch die von der Hotelleitung herbeigerufene Polizei auf den Punkt gebracht. „Juhu!", hätte er noch gerufen, bevor er verschied. Als ob ich es so genau hätte wissen wollen ...

Die Kredenz fing an zu schwanken, ich musste sie festhalten und ging dabei in die Knie. Das Letzte, was ich sah, bevor mich eine gnädige Ohnmacht umfing, waren die Polizisten, die mich mit einer Mischung aus Mitleid und Sorge ansahen. Dann trudelte ich in die Dunkelheit.

***

„Ich fasse es nicht!" Ich lag auf dem Sofa. Sieglinde saß neben mir und klatschte mir dabei ständig einen nassen Waschlappen ins Gesicht. „Gerald. In einem Hotel! Mit einer ... einer vom horizontalen Gewerbe!"

„Sei still!", bat ich sie. Es hatte immer wieder kurze Momente in den letzten zwei Stunden gegeben, in denen ich geglaubt hatte, einfach nur schlecht zu träumen.

„Streck deine Zunge raus", befahl meine Freundin und fuchtelte mit einer kleinen Flasche herum.

„Bachblüten. Notfalltropfen. Helfen bei Schockzuständen", informierte sie mich, während sie tropfte. Ich zog die Zunge wieder ein und schluckte schwer. Ob in einer solchen Situation überhaupt etwas half?

„Ausgerechnet an deinem Geburtstag!", fuhr Sieglinde fort.

Als ob das die Sache weniger schlimm machen würde, wenn sie an einem anderen Tag passiert wäre.

„Mit einer Escortlady!" Sieglindes Stimme erreichte ungeahnt schrille Höhen.

Ich schlug den Waschlappen in ihrer Hand weg, bevor er erneut auf meinem Gesicht landen konnte.

„Verdammt!", rief ich aus. „Das kann doch alles nicht wahr sein!" Dann flossen mir die Tränen aus den Augen. Und ich fühlte mich unendlich erschöpft.

Die Party war natürlich abgesagt worden. Es gab niemanden, der nicht Verständnis dafür hatte. Das Zelt stand fertig aufgebaut im Garten, ein paar Wimpel hatten Hugo und seine Helfer noch drangemacht, bevor die schlimme Kunde von Geralds Ableben uns alle erreicht hatte.

Die Geschichte, und damit meine ich die ganze Geschichte, wäre in spätestens 24 Stunden in unserer Straße und vermutlich dem ganzen Viertel herumerzählt. Das war der Nachteil, wenn man in einer Kleinstadt mit überschaubarer Nachbarschaft lebte.

„Und jetzt?", schniefte ich.

„Hoffentlich zahlt seine Lebensversicherung in so einem Fall", sinnierte Sieglinde ebenso laut wie pietätlos. Ich warf ein Sofakissen nach ihr.

„Interessiert mich nicht", antwortete ich schnaufend. Mir war elend, ich hätte selbst gleich sterben können. War der Mann, mit dem ich so viele Jahre verheiratet gewesen war, ein Monster, ein Lustmolch, ein Lügner und Betrüger?

„Männer", kommentierte Sieglinde und schaute an die Decke.

„Ich bringe den Kerl um!", schrie ich.

„Zu spät. Er ist ja schon tot", konterte meine Freundin trocken wie eine altbackene Semmel.

„Was mache ich denn jetzt?"

„Du lebst weiter wie bisher, nur eben jetzt ohne Mann. Schließlich hast du mich und deinen Halbtagsjob", riet meine Freundin und erhob sich. Ihre Gesundheitsschuhe quietschten.

Aber zunächst einmal kam die Beerdigung.

02

„Hast du etwas zum Anziehen?" Gilas Stimme drang durch den Telefonhörer in mein gemartertes Hirn.

„Sündhaft schwarz und todschick", konkretisierte sie ihre Vorstellungen.

Neben Sieglinde war Gila meine zweite beste Freundin. Sie und ich, wir kannten uns seit Urzeiten. Unsere Freundschaft bestand seit dem gemeinsamen Besuch einer Frankfurter Sprachenschule, wo wir gelernt hatten, englische und französische Geschäftsbriefe zu schreiben. Danach hatte Gila Germanistik und irgendetwas mit Wirtschaft studiert, bevor sie sich selbstständig gemacht hatte. Schon früh hatte sie erkannt, dass sie lieber für sich selbst als für irgendeinen Chef arbeitete.

Sie leitete in Bad Homburg ein florierendes kleines Unternehmen mit fünf Mitarbeiterinnen. Die räumten anderer Leute Büros auf, erledigten Schreibkram, Behördengänge und dergleichen. Auch privat war es für meine Freundin gut gelaufen. Heiraten war ihr nie in den Sinn gekommen, sie hatte zwei langjährige Liaisons mit gut betuchten Herren gehabt. Frei von den Niederungen des Alltags, durch die verheiratete Paare gelegentlich durch mussten, wurde sie nach Strich und Faden verwöhnt mit flotten Autos, Schmuck und luxuriösen Reisen. Dazu kümmerte sie sich engagiert um ihren Beruf. Neben Gila kam ich mir oft etwas hausbacken und langweilig vor. Nicht nur, weil ich zwei Jahre älter war als sie, sondern weil sie das Leben wie ein Spiel betrachtete, das nach ihren eigenen Regeln funktionierte.

Während sie dem Studentenleben gefrönt hatte, hatte ich einige Jahre in einem kleinen Fachbuchverlag gearbeitet. Dann war Gerald in mein Leben getreten, wir hatten geheiratet und uns gleich Nachwuchs gewünscht. Der hatte zu meinem Bedauern so lange auf sich warten lassen, dass wir die Hoffnung fast aufgegeben hatten. Als ich Jahre später doch noch schwanger geworden war, war ich überglücklich gewesen. Leider war Miriam unser einziges Kind geblieben. Was sowohl ich als auch Gerald und irgendwann ebenfalls unsere Tochter bedauert hatten. Miriams Geburt hatte einiges verändert. Unter anderem die Freundschaft mit Gila. Seit unsere Leben auseinandergedriftet waren, sahen wir uns naturgemäß nicht mehr so häufig. Zwar blieb die Verbundenheit bestehen, aber wir lebten in zwei unterschiedlichen Sphären. Während Gila ihre Unabhängigkeit genossen hatte, war ich irgendwann in einer Kleinstadt im Rhein-Main-Gebiet festgesessen und hatte meinen Mann jeden Abend gefragt, was er im Büro erlebt hatte. Erst, als unsere Tochter aus dem Gröbsten raus gewesen war, war ich wieder arbeiten gegangen. Halbtags, in der Anzeigenannahme einer Zeitung, die man kostenlos im Briefkasten fand. Das machte ich immer noch.

„Wieso schick?", schniefte ich. „Es ist die Beerdigung meines Mannes."

„Eben. Der Kerl hat dich betrogen und dafür hat ihn der Schlag getroffen."

Ich japste nach Luft, aber Gila fuhr ungerührt fort. „Du musst jetzt den Leuten zeigen, dass du keine verhuschte, tragische Witwe bist. Sondern eine selbstbewusste Frau. Sie werden dich sonst zwar bemitleiden, aber nie wieder etwas anderes in dir sehen als die arme, betrogene Frau."

„Was soll ich denn bloß machen?", jammerte ich.

„Genau das, was du willst. Trauere ihm nicht hinterher, mach das Beste aus dem Rest deines Lebens."

Dazu war es definitiv noch zu früh, ich befand mich seit dem Besuch der beiden Polizisten in einer Art Schockstarre, die mich lediglich das Nötigste tun ließ. Daher kündigte Gila kurzerhand ihr Kommen an.

***

Es gab Momente, in denen sah man sich und sein Leben von außen, quasi durch die Augen anderer. Als ich Gila gegenüberstand, geschah genau das. Es war, als würden wir eine Sekunde lang die Plätze tauschen. Ich sah mich selbst an der Tür stehen, die zwei Tage zuvor frisch geschnittene Frisur zerdrückt, das Gesicht immer noch gerötet und verschwollen, jetzt allerdings durch mein fast ununterbrochenes Weinen. Verhärmt und abgekämpft sah ich aus, und – das war das Schlimmste an meiner Wahrnehmung - es hatte nicht nur mit Geralds Tod zu tun. Ich war eine trutschige Vorstadthausfrau mit Halbtagsjob und überschaubarer Restlaufzeit.

Gila hingegen ... ich konnte es nicht anders sagen, sah hinreißend aus. Obwohl ich in ihren Augen heftige Sorge um mich erkannte. Meine Freundin war erst Tage zuvor von einem Kurzurlaub auf Menorca zurückgekehrt. Der zarte Karamellton ihrer Haut harmonierte perfekt mit dem türkisfarbenen Top, das sie über einer weißen Jeans trug. Ihr Haar leuchtete wie lichtdurchfluteter Champagner, sie duftete dezent nach Flieder und trug Kirschrot auf Lippen und Nägeln.

So, wie ich heute aussehe, könnte sie fast als meine Tochter durchgehen, dachte ich im ersten Schreck.

„Hanni!", rief Gila und riss mich, kaum im Haus, in ihre Arme, wo ich erneut in Tränen ausbrach.

„Jetzt ist aber mal gut", unterbrach sie mich nach einer halben Stunde Gestammel und Gesabbere streng. „Gerald, Gott hab ihn selig, hat sich als ein anderer herausgestellt als der, den wir zu kennen glaubten. Er hat dich betrogen. Das ist schlimm. Aber ihr hattet auch gute Zeiten, das hoffe ich zumindest, und an die solltest du zwischendurch denken, sonst kommst du gar nicht mehr auf die Beine."

Was war eigentlich entsetzlicher? Sich an die unwiederbringlich verlorene Harmonie vieler schöner Ehejahre zu erinnern oder über den miesen Betrug, mit dem sie endeten, zu grämen?

„Und außerdem", fuhr Gila fort, „geht das Leben nicht nur *irgendwie* weiter, sondern du hast noch etliche Jahre vor dir, aus denen du das Beste machen kannst."

Auch wenn es ein wenig oberflächlich klang, hatte Gila wohl tatsächlich nur mein Wohlergehen im Sinn, als sie versuchte, mir mit diesen Worten aus dem schmerzlichen Tief dieses Tages herauszuhelfen. Auch wenn es mir unmöglich war, in diesem Moment auch nur ein einziges Fünkchen Licht am Ende des Tunnels zu erkennen, versiegten meine Tränen wenigstens fürs Erste.

Danach gingen wir einkaufen. Natürlich fuhren wir nicht nach Frankfurt, denn dort befand sich nicht nur Geralds ehemaliger Arbeitsplatz, sondern auch das Luxushotel, in dem er von dieser Welt gegangen war. Ich würde in dieser Stadt ständig an ihn und das, was ihm widerfahren war, denken müssen.

Wir fuhren nach Wiesbaden. Während ich mit tränenumflortem Blick überhaupt kein Auge für Passformen und Chic hatte, dirigierte mich Gila von einer Boutique zur nächsten, von einer Anprobe zur anderen, bis sie endlich zufrieden war.

Vermutlich war ich am Tag von Geralds Begräbnis eine der elegantesten Witwen, die ich je in unserer Kleinstadt am Grab ihres Mannes hatte stehen sehen. Die Meute empfand das wohl auch so, denn einige Trauergäste starrten mich unverhohlen an. Ich hatte zwei Valium eingeworfen und stolzierte, derart gefühlsmäßig gedämmt, gewandet in ein elegant enges Seidenkleid mit einem hinreißend schwingenden Bolerocape darüber, frisch frisiert und manikürt, über den Friedhof.

Neben mir ging meine Tochter, die am Vorabend gerade noch rechtzeitig aus Neuseeland angereist war, um ihrem Vater das letzte Geleit zu geben. Miriam hatte bis zu diesem Zeitpunkt keine Ahnung, wie genau Gerald gestorben war. Es wäre einfach zu viel für mich gewesen, sie in der Kürze der Zeit mit sämtlichen unappetitlichen Details vertraut zu machen.

Ähnlich unbelastet von der Wahrheit blieben meine Eltern und Geralds Mutter, die selbst schon seit vielen Jahren Witwe war. Sie glaubte, ihr Sohn sei bei einem Geschäftstermin verschieden, was vermutlich auf ihr schlechtes Gehör zurückzuführen war. Ich konnte nur hoffen, dass niemand von der Trauergemeinde so taktlos sein würde, den Dreien zu erzählen, was wirklich geschehen war. Wobei die grausame Wahrheit bereits als hartnäckiges Gerücht durch die Luft schwebte.

Mein Vater hatte ein schlechtes Gedächtnis und vergaß die meisten neuen Dinge inzwischen im Minutentakt. Aber meine Mutter ... Augen wie ein Adler, Ohren wie ein Luchs ... sie würde mich in die Zange nehmen und mich nach Strich und Faden über die Qualität meiner Ehe ausquetschen, wenn sie die Wahrheit erfuhr. Aus vielerlei Gründen fühlte ich mich dieser Inquisition nicht gewachsen.

So standen wir da. Ich trotzte hoch erhobenen Hauptes allen sensationslüsternen und betroffenen Blicken. Miriam schluchzte leise. Neben ihr standen meine Eltern und meine Schwiegermutter, dahinter Sieglinde und Gila. Die Sonne schien, der Pfarrer redete, die Musik spielte und ich konnte nicht aufhören zu denken: *Haltung, Hanni Roos* und *Warum hat er mir das angetan?*

***

Für Miriam war es ein heftiger Schock gewesen, ihren Vater so unvermutet zu verlieren. Gerald war gerade mal 63 gewesen, noch nicht einmal in Rente, geschweige denn gebrechlich oder unheilbar krank. Sie hatte ihn in den letzten Jahren nur sporadisch gesehen und ihn stets als munter und guter Dinge erlebt. Dass er so schnell von uns gegangen war, konnte sie nicht begreifen.

Unsere Tochter war gleich nach dem Abitur in die Welt hinausgezogen. Eine lange Reise durch Asien, ein Jahr Au-pair in Australien. Dann war sie zum Sprachenstudium zurückgekommen, das sie ruckzuck durchgezogen hatte. Zurzeit lebte sie in Neuseeland.

„Miriam sieht nicht gut aus", bemerkte meine Mutter, sobald wir den Friedhof verlassen hatten. „Hoffentlich hat sie nicht das schwache Herz ihres Vaters geerbt!"

Ich betrachtete meine Tochter, deren schmales Gesicht zwischen dem dunklen langen Haar tatsächlich sehr blass aussah.

„Mein Sohn hatte kein schwaches Herz", giftete Geralds Mutter sofort zurück. Sie stand so nah bei uns, dass sie die Bemerkung unmöglich überhören hatte können.

„Er ist gerade daran gestorben." Die Stimme meiner Mutter klang, als würde sie direkt aus Geralds Grab sprechen.

„Es war ein anstrengender Geschäftstermin. Er war beruflich schon seit Jahren zu angespannt. Aber es blieb ja immer alles an ihm hängen."

Jetzt würde gleich die alte Leier kommen. Geralds Mutter hatte sich irgendwann in die Idee verbissen, ihr Sohn habe zu früh geheiratet und ich hätte ihm zu viel aufgehalst. Normalerweise kamen wir gut miteinander aus. Aber jedes Mal, wenn meinen verstorbenen Mann ein Zipperlein geplagt hatte, mutierte seine Mutter zur Glucke, die ihn und mich mit ungebetenen Ratschlägen traktierte und mir Verantwortung für alles Mögliche zuschob.

„Lydia, ich bitte dich!" Die Stimme meiner Mutter wurde schrill.

So sehr sie mich auch manchmal auf die Palme brachte, nach außen hin nahm sie ihr Küken doch immer sofort in Schutz. Endlich hatten wir den Ausgang erreicht und ich konnte mich mit ihr und Miriam in mein Auto flüchten.

Kaum zu Hause angekommen, ging das Verhör weiter.

„Hat er sich denn bewusst ernährt? Zu viel Cholesterin ist ja ungesund", stellte Lydia fest und ließ ihren Blick über die Würste und Koteletts gleiten. Das Traueressen fand, der Einfachheit halber, im Festzelt statt, das immer noch voll aufgebaut in meinem Garten stand. Weil niemand daran gedacht hatte sie abzunehmen, wehten sogar die bunten Wimpel am Eingang. Mit der Verköstigung hatte ich es einfach. Die Würste, Koteletts, Steaks, hatten seit meinem verunglückten Geburtstag im Tiefkühler gelegen. Sie wurden nun von Hugo ihrer ursprünglichen Bestimmung auf dem Grill zugeführt.

„Geralds Cholesterinwerte waren in Ordnung", antwortete ich.

Er hat einfach zu viel fremdgevögelt, lag es mir auf der Zunge. Ich schluckte es runter, es würde nichts nützen.

„Wann kommt denn Gerald?", wollte unterdessen mein Vater wissen, der bereits wieder vergessen hatte, von wessen Beerdigung er gerade gekommen war. Bevor ich in Tränen ausbrechen konnte, zog mich Gila beiseite und drückte mir ein Glas Wein in die Hand.

Trauerfeiern hatten ihre eigene Dynamik. Ergingen sich alle anfangs in Trauer und Schmerz, wurden mit zunehmendem Alkoholpegel immer mehr Anekdoten der Verstorbenen präsentiert und es war nicht ungewöhnlich, dass irgendwann sogar Witze erzählt wurden. Bevor es hier und heute soweit war, musste ich mit Miriam reden.

Ich trank das Glas leer und zog meine Tochter in die Küche, als sie sich gerade zum Leichenschmaus setzen wollte. Ich musste ihr, um sie zu schützen, reinen Wein einschenken, bevor die Hemmschwellen gesunken waren und sie mit den Gerüchten um das Ableben ihres Vaters konfrontiert wurde.

„Ich muss dir etwas sagen", flüsterte ich also zwischen Friedhof und Bratwurst. „Dein Vater, der ist zwar an einem Herzinfarkt gestorben. Allerdings nicht zuhause, im Bett oder im Büro. Auch nicht beim Sport oder bei einem Geschäftstermin ..." Groß und aufmerksam blickte Miriam mich an.

„Er war in einem Hotel. Mit einer Escortlady."

„O mein Gott!" Miriam presste sich erschrocken die Hand auf den Mund. Sie war trotz ihres Schocks pietätvoll genug, nicht zu detailliert nachzufragen, wofür ich ihr sehr dankbar war. Wie sich herausstellte, war es gut, dass ich sie vorbereitet hatte. Später, nachdem das Fleisch gegessen, der Wein und diverse Schnäpse getrunken waren, verabschiedete sich so manch einer aus der Nachbarschaft mit einem zweideutigen Spruch. Gottseidank hatten meine Eltern da bereits den Heimweg nach Nordhessen angetreten und meine Schwiegermutter hörte immer noch schlecht und war überdies ein wenig angeschickert, bevor ich sie in ein Taxi in Richtung Frankfurt bugsierte. Gila verließ das Haus als eine der Letzten, Sieglinde als Allerletzte. Nachdem wir sie alle verabschiedet hatten, setzten Miriam und ich uns in die

Küche. Ausnahmsweise war es mir mal gerade egal, dass um uns herum ein Tohuwabohu größeren Ausmaßes herrschte.

„Früher hättest du es keine Sekunde in einer solchen Unordnung ausgehalten", verkündete meine Tochter, die bereits leicht schielte und aufgrund diverser Alkoholika ein wenig lallte.

„Früher war früher. Jetzt ist jetzt. Und morgen ist morgen", verkündete ich mit unheilschwangerer Stimme und griff selbst nach dem Obstler, den ich mir im Laufe des Abends versagt hatte. Endlich konnte ich mich betrinken ohne Angst haben zu müssen, etwas Unangebrachtes zu sagen, hemmungslos zu weinen oder meinem verstorbenen Gatten nach oben zu drohen. Oder nach unten, so genau wusste ich nicht, wo er letztendlich landen würde.

„Mama, trink nicht so schnell", warnte mich meine Tochter. Aber mir war alles egal. Ein Schnaps würde mir nicht schaden, dachte ich, und kippte das Zeug zügig hinunter.

„Keine Angst, ich weiß schon, was ich tue", behauptete ich, obwohl der Obstler in meinem Hals brannte wie Feuer. Miriam fielen die Augen zu, sie seufzte und murmelte „Lass uns morgen weiterreden", bevor sie nach oben schwankte, in ihr altes Mädchenzimmer. Jetzt saß ich alleine in einer Küche, die aussah, als habe eine Bombe eingeschlagen. Mein einziger Halt war die Schnapsflasche. Vor mir lag ein einsames, verbittertes Leben, das sich nach dem dritten Schnaps nicht mehr ganz so kalt anfühlte. Nach dem fünften schaukelte ich auf Wellen und nach dem sechsten, den ich vorsichtshalber schon auf der

Bettkante sitzend trank, umfing mich eine gnädige Dunkelheit.

***

Durst, formulierte der Teil meines Hirns, der für die Umsetzung körperlicher Empfindungen in Sprache zuständig war. Das Erste, was ich am Morgen nach der Beerdigung meines Mannes fühlte, war eine heiße, brennende Wüste in meinem Inneren. Langsam rappelte ich mich auf. Herrje! Ich trug noch das Beerdigungskleid und es roch eindeutig nach Hochprozentigem. Der Anblick der leeren Flasche am Boden hämmerte mir die Wahrheit in den wehen Schädel. Ich hatte mich am Vorabend hemmungslos und am Ende ganz alleine betrunken.

Vorsichtig betastete ich meine Kopfhaut. Sie war noch da, ebenso wie meine Haare, obwohl es sich anders anfühlte. Sobald ich den Kopf hob, wurde mir übel und in meinem Magen krampfte sich etwas zusammen. Im Schneckentempo erhob ich mich vom Bett und ging ins Bad, indem ich einfach die Füße über den Boden schob. Alles andere wäre viel zu anstrengend gewesen.

Dort erkannte ich das wahre Ausmaß der Zerstörung. Die Wimperntusche hing als schwarzer Schleier unter den Augen und gab mir das Aussehen eines Zombies, meine Gesichtshaut war bleich und mein Spiegelbild konfrontierte mich an diesem Morgen gnadenlos mit jeder Falte und vergrößerten Pore. Ich sah aus wie eine Mondlandschaft!

„Wasser", krächzte ich und hing erst einmal über dem Hahn. Danach entledigte ich mich meiner Klamotten und stellte mich so lange unter die Dusche bis ich mich halbwegs wieder wie ein Mensch fühlte.

In der Küche erwartete mich nicht das Chaos vom Vortag. Miriam und Sieglinde saßen in stiller Eintracht am Frühstückstisch und blickten mir entgegen. Die Zwei hatten aufgeräumt, gespült, gewischt und danach ein Frühstück zubereitet.

„Wie spät ist es denn?", wollte ich wissen, nachdem sie meinen überschwänglichen Dank mit verlegenem Lächeln weggewinkt hatten.

„Schon Elf!" Miriam schenkte mir Kaffee ein, während Sieglinde mir fürsorglich ein Stück Toast butterte.

„Dr. Heller hat angerufen. Wegen des Testaments", informierte mich meine Tochter dabei. „Ist wohl eine reine Formsache", murmelte sie. Ich nickte, matt und vorsichtig.

03

Dr. Heller war unser Hausanwalt und –notar und Gerald und ich hatten schon vor einigen Jahren unsere Testamente bei ihm aufgesetzt. Damals schien alles klar und übersichtlich. Ein Haus, das uns beiden gehörte, ein paar Wertpapiere, Geralds Münzsammlung, jeder von uns hatte eine Lebensversicherung zugunsten des anderen. Auf jeden Fall waren die Familienverhältnisse so geordnet, dass wir ohne große Schwierigkeiten unseren letzten Willen formulieren konnten. Den wir selbstverständlich alle drei kannten. Dr. Heller sollte nun, nachdem das Nachlassgericht uns Geralds Testament hatte zukommen lassen, die sich daran anschließenden notwendigen Formalitäten erledigen. Keine Überraschungen also. Dachte ich. Bis sich Dr. Hellmer nach dem mir bekannten Part verzweifelt räusperte, bevor er nach einem weiteren Schriftstück griff.

„Ihr Gatte hat noch einen Zusatz zum offiziellen Dokument hinzugefügt und bei mir direkt hinterlegt", murmelte er, den Blick fest auf das Papier in seinen Händen gerichtet. Ich hatte mich bereits halb von meinem Stuhl erhoben und sank nun auf das Lederpolster zurück. Miriam blickte mich kurz fragend an, ich zuckte mit den Schultern.

Dr. Hellmer las mit unbewegter Stimme vor, was ich bisher nicht kannte und was sich nun Wort für Wort wie Gift in meine Seele brannte.

„Neben den bereits aufgeführten Vermögenswerten ... existiert noch ein Konto ... der Geldbetrag dort ist für meine Tochter Giulietta ..." An dem Punkt dachte ich, mich würde jetzt gleich der Schlag treffen.

„... die ich außerhalb meiner Ehe gezeugt habe ..."

„Was ist los?", murmelte Miriam.

Ich hingegen entschied mich spontan, den vor Jahren geäußerten Wunsch nach Bestattung in einem Doppelgrab neben meinem Mann unverzüglich rückgängig zu machen.

„... letzte bekannte Adresse ..."

Haltung, Hanni, suggerierte ich mir und drückte mein Kreuz durch, während Dr. Hellers Worte wie Messer in meine Brust schnitten. Erst, nachdem er das Todesurteil für den Teil in mir verkündet hatte, der immer noch an eine glückliche Ehe trotz Geralds finalem Ausrutscher zu glauben versucht hatte, hob Dr. Heller den Kopf. Er reichte mir ein Kuvert. „Das ist für Sie. Ein persönliches Schreiben Ihres verstorbenen Gatten. Mein Beileid", nuschelte er und mir war nicht klar, ob er Geralds Ableben oder den Brief meinte.

„Für meine geliebte Hanni", stand in Geralds akkurater Handschrift auf dem Umschlag.

Na, gute Nacht. Was würde mich da noch erwarten? Inzwischen traute ich ihm alles Mögliche zu und nichts davon war nur ansatzweise positiv.

***

Wo las man so einen Brief? In Anwesenheit eines Notars? Nein danke, mir reichte es jetzt endgültig mit Dr. Hellers mitfühlenden Blicken. Im ehelichen Schlafzimmer? Niemals! Ich entschied mich für den neutralsten Ort, den ich zu Hause finden konnte und setzte mich in die Küche.

„Meine liebe Hanni,
wenn du diesen Brief in Händen hältst, dann aus dem Grund, dass ich von dieser Welt gegangen bin, ohne Beichte über eine Tatsache abzulegen, die du inzwischen wohl kennst.
Zunächst möchte ich dir sagen, dass ich dich immer geliebt habe und ich mir keine Bessere als meine Frau und die Mutter unserer Tochter hätte wünschen können. Dennoch kam es zu einem folgenschweren Fehltritt. Es war die Zeit, in der ich immer wieder in Genua zu tun hatte. Dort traf ich eine Italienerin, Sophia. Wir verstanden uns auf Anhieb und es passierte, was nie hätte passieren dürfen: Sie wurde von mir schwanger und gebar mir eine Tochter, Giulietta. Die Vaterschaft wurde von mir formlos anerkannt, indem ich Giuliettas Mutter monatlich einen festen Betrag habe zukommen lassen. Um den sie, das möchte ich betonen, nicht gebeten hat. Unsere Tochter habe ich zuletzt gesehen, als sie noch ein kleines Kind war. Zu diesem Zeitpunkt heiratete Sophia. Es war ihr Wunsch, ab diesem Moment den Kontakt zu mir zu beenden und ich habe das respektiert. Daher weiß ich nicht, ob und wenn ja wie viel Giulietta von der Geschichte weiß. Womöglich ahnt sie nicht einmal, dass der Mann, zu dem sie Papa sagt, nicht ihr leiblicher Vater ist.
Dennoch möchte ich meiner Tochter etwas hinterlassen und bitte dich, dafür zu sorgen, dass sie den ihr zugedachten Betrag erhält.
Auch wenn du jetzt ganz berechtigt wütend auf mich sein magst, so weiß ich doch, dass du mich nicht im Stich lassen wirst.

*In ewiger Liebe,
Gerald"*

Fassungslos ließ ich den Brief sinken. Ich konnte es kaum glauben. Mein verstorbener Mann erwartete von mir, dass ich seine uneheliche Tochter aufstöbern und ihr das Geld zukommen lassen sollte, das er ihr vermacht hatte. Seine Liebesbeteuerungen klangen in meinen Ohren wie Hohn, doch ich glaubte ihm aufs Wort, dass er so viel Vertrauen in mich setzte. Denn so hatte er mich wohl gesehen: bieder, verlässlich, verzeihend.

„Nicht mit mir, mein Lieber", knurrte ich stattdessen. Ich hatte genug Aufregungen erlebt, jetzt musste ich mich erst einmal sammeln.

Miriam kaute voll nervöser Energie an ihren Nägeln. „Eine Halbschwester. Wie spannend. Vielleicht sollte ich nach Italien mitkommen?"

Miriam hatte sich immer Geschwister gewünscht. War bis heute traurig darüber, nie eine Schwester gehabt zu haben, mit der sie Streiche aushecken und lachen konnte.

„Also, erstens denke ich überhaupt nicht daran zu fahren, zweitens ist es schlimm genug, dass dein Vater mich um so etwas bittet. Und drittens: ich dachte du fliegst morgen zurück?" Dass meine Tochter nicht nach Neuseeland zurückwollte, überraschte mich.

Sie zuckte mit den Schultern.

„Ach Mama! Übersetzungen kann ich überall machen. Man schickt mir die Texte per E-Mail und ich bearbeite sie, wo immer ich gerade bin. Das ist das Schöne an diesem Beruf."

Ganz egoistisch dachte ich in dem Moment auch, dass es vielleicht ganz gut wäre, meine Tochter noch ein bisschen länger bei mir zu haben. Von ihrem Leben hatte ich in den vergangenen Jahren nicht so viel mitbekommen, wie ich es gerne gehabt hätte. Und wenn sie eine Weile bei mir blieb, konnte sie mir nicht nur in meinem Elend beistehen, sondern mir auch gleich beim Ausmisten von Geralds Sachen helfen.

Alles muss raus, dachte ich kühl. *Je eher, desto besser.*

***

Hemden, Jacken, Hosen, Pullover, Krawatten. Die Kartons für die Kleiderkammer der Caritas füllten sich mit ungeahnter Geschwindigkeit. Während ich Geralds Klamotten in großen Haufen aufs Bett warf, durchsuchte Miriam die Taschen und förderte Kleingeld, Parkhaustickets, Kugelschreiber und ähnlich aufregende Dinge zutage, bevor sie die Kleidungsstücke fast schon liebevoll zusammenlegte und in die Kartons packte.

„Weißt du", sagte sie irgendwann, „ich verstehe ja, dass du das Bedürfnis hast, erst einmal alles von ihm aus den Augen zu bekommen. Aber für mich wird er immer mein Papa bleiben. Der, mit dem ich früher Eidechsen gefangen habe, der mir schwimmen beigebracht hat und der mich in Mathe so lange getrietzt hat, bis ich einigermaßen sicher durchs Abi gekommen bin." Sie klang traurig.

Erschrocken dachte ich, es sei womöglich ein Fehler gewesen, ihr die Wahrheit zu sagen. Gerald war ein guter Vater gewesen. Dass Miriam mutig und selbstbewusst durchs Leben ging, hatte sie zum

Großteil ihm und seiner unterstützenden Art zu verdanken. Nun war sein Bild bei ihr ebenfalls angekratzt. Doch so, wie ich sie kannte, würde sie ihm irgendwann verzeihen. Im Gegensatz zu mir.

„Kann ich das behalten?" Sie hob eines von Geralds Hemden hoch. Es war weiß, mit feinen dunkelblauen Nadelstreifen. Die schmale Miriam würde vermutlich zwei Mal hineinpassen, falls sie es je tragen sollte.

„Du kannst alles behalten, was du willst."

Im unteren Stockwerk klingelte das Telefon. Ich eilte hinunter.

„Hanni?" Die Stimme meines Chefs Friedhelm. Er klang schrecklich. Irgendwie so, dass ich an Pest, Cholera und die Notaufnahme der städtischen Klinik denken musste.

„Wir brauchen dich. Du bist unsere letzte Hoffnung. Die Rettung unseres Blattes. Sag nichts, ich weiß ja Bescheid, was bei dir los ist, aber trotzdem – es geht nicht anders."

Ich arbeitete schon seit Urzeiten in dem Laden. Halbtags. In der Anzeigenannahme. Telefonierte mit Kunden, gestaltete Sonderseiten, schrieb gelegentlich PR-Artikel. Nichts, was nicht meine Kollegin und Vertretung Annemarie ebenfalls hätte machen können. Nichts, was so wichtig gewesen wäre, dass man mich aus einem durch einen Trauerfall bedingten Sonderurlaub herbeitelefonieren musste. Ich machte meine Arbeit gerne. Wir waren so etwas wie eine kleine Familie. Die Blättchen-Familie, wie Gerald immer so schön gesagt hatte. Bei uns wurde natürlich auch gestritten, aber nicht gemobbt. Wir ließen durchaus mal alle Fünfe grade sein, verfielen aber nicht in

Schlendrian. Wir waren miteinander älter geworden und kannten die Macken und Kanten der anderen. Und auch wenn es am Monatsende keine großen Reichtümer zu verteilen gab, hoffe ich, dass wir uns noch lange am Markt halten würden. Nicht nur, weil es in meiner Situation gar keine Frage gewesen war, einige Tage zu Hause bleiben zu können. Tage, die mir weder vom Gehalt abgezogen noch meinen Anspruch auf Erholungsurlaub dezimieren würden. Wo fand man heutzutage noch solche Arbeitsplätze? Deshalb, und nur deshalb, habe ich meinem Chef überhaupt noch weiter zugehört. Tatsächlich stand er kurz vor dem Kollaps. Uns, ausgerechnet uns, hatte nämlich der beliebte Schlagersänger Roman Fischer ein Interview versprochen.

„Heute", japste mein Chef, bevor er sich kurzfristig entschuldigte und ich im Hintergrund etwas hörte, was sich wie der gestöhnte Soundtrack zum Kettensägenmassaker anhörte.

„Der Kerl gibt ein Konzert in der Stadthalle und hat vorher eine halbe Stunde Zeit."

Eigentlich hätte er dieses Gespräch selbst führen wollen, aber leider waren er und alle meine Kollegen am Vorabend beim Stammitaliener essen gewesen.

„Muscheln", würgte es aus dem Hörer. „Alle krank!"

Ich schüttelte stumm und fassungslos den Kopf.

„Niemand ist mehr da. Du musst es machen. Hanni. Bitte."

Würg, würg. Mir wurde allein vom Zuhören schlecht.

„Eine halbe Stunde, mehr nicht?"

Schon hatte er mich.

Innerhalb von zehn Sekunden war ich gebrieft, die Liste mit den Fragen kam wenig später per E-Mail.

„Roman Fischer?" Miriam zuckte mit den Schultern. „Ich dachte, der wäre längst tot."

Ach Gott, die Jugend. Tatsächlich war Roman Fischer unverwüstlich, allerdings reiste ein Großteil seiner Fans inzwischen vermutlich mit dem Rollator an, und der letzte Hit, so man das überhaupt so nennen konnte, lag unendlich lange zurück. Der Mann hielt sich, indem er unverdrossen die alten Schlager sang, mit denen er einst berühmt geworden war.

„Genau der Richtige für große Teile unsere Zielgruppe. Ein Interview mit dem ist doch mal was ganz Besonderes", sprach ich nach, was mein Chef mir vorgesagt hatte. Ich ließ weg, was ich sonst noch wusste. Das nächste Blättchen würde fast nur aus Reklame für Busreisen nach Meran und anderen, besonders für Rentner attraktiven Kurzurlaubszielen bestehen, sowie einige Mittelmeer-Kreuzfahrten anpreisen. Auf einem dieser generell als „Traumschiffe" angepriesenen Pötte würde mein Interviewpartner passenderweise mit an Bord sein und mehrere Konzerte geben. Wie überaus praktisch, ihn da direkt und exklusiv im Heft zu haben.

„Bringt mich vielleicht auf andere Gedanken", sagte ich stattdessen.

Miriam brach unvermittelt in Tränen aus. „Sag doch nicht sowas. Auf andere Gedanken. Willst du Papa denn ganz aus deinen Erinnerungen streichen?"

Nein, das wollte ich nicht. „Es macht mich einfach verrückt, wenn ich daran denke, was er mir angetan hat", murmelte ich und nahm meine Tochter behutsam in den Arm. Es würde noch eine ganze Weile dauern, bis ich wieder mit anderen Gefühlen an Gerald denken konnte. Jetzt war es definitiv zu früh.

***

Roman Fischer empfing mich in seinem Hotelzimmer. Standesgemäß war er im besten Hotel am Platz abgestiegen und erwartete mich im obersten Stockwerk in einem sonnendurchfluteten Zimmer. Die Helligkeit stand ihm leider gar nicht gut zu Gesicht. Schon beim ersten Blick auf den Mann fragte ich mich im Stillen, was die Frauen so aufregend an ihm fanden, beziehungsweise gefunden hatten. Denn die überwiegende Mehrzahl seiner Fans war weiblich.

„Setzen Sie sich, schöne Frau", schwadronierte er und deutete großzügig auf einen der beiden Sessel im Raum. Im anderen nahm er Platz.

Bereits seit Jahren wirkte der Sänger, wenn man ihn auf dem Bildschirm oder beim Zahnarzt in den bunten Blättern sah, etwas welk. Aus der Nähe betrachtet bot er ein noch viel verheerenderes Bild. Das Haar auf seinem Kopf war vermutlich echt, stammte aber definitiv nicht von ihm selbst. Aus dem geöffneten Hemd hingegen quoll die grau melierte Wolle, als wolle er einem neuseeländischen Schaf Konkurrenz machen.

„Cognäcchen?", fragte er beschwingt und hielt mir auffordernd die Flasche hin. Ich besah mir seine schlimme Couperose und schüttelte den Kopf.

„Na, dann eben nicht", murmelte er und goss sich selbst großzügig ein. Es war wohl nicht der Erste, denn neben einem aufdringlichen Aftershave wehte mir bei jedem seiner Worte eine heftige Fahne entgegen.

„Nun, was soll ich Ihnen erzählen?" Er schlug die Beine übereinander und zupfte die sorgfältig gebügelte, weiße Hose zurecht. Ich konnte mir nicht helfen, es sah irgendwie ... obszön aus.

Ich legte das Aufnahmegerät auf den Tisch.

„Herr Fischer. Wir freuen uns sehr, dass Sie uns Rede und Antwort stehen", sprach ich brav nach, was Friedhelm mir aufgetragen hatte.

Fischer nickte gnädig und kippte das „Cognäcchen" mit zurückgelegtem Kopf. Als er wieder zu mir hersah, wirkten seine Augen einen Tick glasiger.

Mir war nicht wohl, ich wollte das hier so schnell wie möglich hinter mich bringen.

„Herr Fischer, Sie sind ja bereits seit so vielen Jahren ein fester Bestandteil der Schlagerszene. Wie fühlt man sich da?" Wer hatte sich denn so einen Blödsinn ausgedacht? Hoffentlich glaubte der Sänger nicht, ich sei es gewesen. Der jedoch war weit entfernt davon, die Frage ausgelutscht zu finden. Im Gegenteil, er griff sie freudig auf und katapultierte sich in seiner Antwort direkt und ungeniert in die Nähe von Weltstars wie Engelbert Humperdinck (... mein lieber, alter Freund und Kollege ... auch schon so lange dabei ... Qualität hält sich halt ... ha, ha, ha).

Ich schwieg und schrieb trotz Aufnahmegerät mit. Vorsichtshalber, weil mir der allumfassende Glaube an die Technik fehlte.

„Fast täglich auf der Bühne zu stehen verlangt einem ja auch körperlich ganz schön viel ab. Wie schaffen Sie es, so fit zu bleiben?"

Mein Chef Friedbert hatte diesen Menschen nie genauer angesehen, sonst hätte er nicht so einen

Blödsinn aufgeschrieben. Was würde Fischer antworten? Alkohol konserviert? Ich lege mich täglich darin ein?

Wie auf Kommando füllte er erneut sein Glas, bevor er antwortete.

„Ich rauche wenig, ernähre mich gesund und treibe jeden Morgen eine halbe Stunde Sport."

Aha.

„Welchen Sport treiben Sie denn?", wollte ich wissen.

„Häh?" Er musste überlegen.

Schwindler!

„Also, Laufen, ab und an Tennis, im Sommer Schwimmen und Golf."

Ich schrieb die schamlosen Lügen auf.

„Wie verbinden Sie Privatleben mit Ihrem Beruf? Sie sind ja viel unterwegs."

Noch so ein Quatsch. Jeder wusste, dass Fischer keine Familie hatte und früher gelegentlich mit einer inzwischen gänzlich zurückgezogen lebenden Schlagerzirkus-Kollegin in Verbindung gebracht worden war. Es war die Art von Beziehung gewesen, die in der Medienwelt als „hartnäckiges Gerücht" kursierte und niemals bestätigt worden war.

„Ach, junge Frau. Da sagen Sie was!" Die singende Antiquität beugte sich nach vorne und legte mir die unangenehm feuchtwarme Hand ungefragt aufs Knie.

„Mein Beruf geht vor, das bin ich meinen Fans schuldig!" Seine Lider zuckten auf und ab. Was sollte das sein, ein neckisches Blinzeln? „Die wahren Fans sind es doch, die einen Künstler wie mich glücklich machen!"

Wahrscheinlich würden ihm einige seiner weiblichen Fans vor Glück ihre Stützstrümpfe auf die Bühne werfen, wenn sie das lasen!

„Und dann muss es eben passen. Die Richtige für eine Ehe war halt noch nie dabei."

Vermutlich würde sie jetzt auch nicht mehr kommen, aber das konnte ich so natürlich nicht schreiben. Lieber rutschte ich ein wenig nach hinten und damit aus dem Griff seiner Pranke heraus.

„Äh, also, weiter im Text", murmelte ich. „Im Herbst sind Sie einer der Stars", – Friedhelm hatte wirklich „Stars" geschrieben, ich fasste es nicht, – „auf einem Kreuzfahrtschiff. Worauf dürfen sich Ihre Zuhörer denn freuen?"

Fischer schwafelte jetzt etwas von „das Beste der beliebtesten Hits meiner größten Erfolge" und ich bewegte den Griffel ein bisschen hin und her und tat so, als interessiere mich das. War die halbe Stunde noch nicht um?

„Eine letzte Frage noch. Was sind Ihre nächsten Pläne?" Der erneute Griff zur Flasche war eine Antwort, die niemand lesen wollen würde.

„Ich stehe in Gesprächen über ein neues Album", formulierte Fischer erstaunlich deutlich und nickte mehrfach nachdrücklich dazu. „Mehr kann ich im Moment noch nicht sagen." Vielleicht gab es ja auch noch nicht viel mehr dazu zu sagen.

„Gut, vielen Dank, dann sind wir ja prima durchgekommen." Was man halt so redet, wenn man schnell raus will aus der cognacgeschwängerten Luft. Ich steckte den Block in meine Tasche, griff nach dem Aufnahmegerät und stand auf.

„Was denn, schöne Frau? Sie wollen schon gehen?", nuschelte Fischer. Sein alkoholumflorter Blick blieb an meiner Bluse kleben, als er sich, leicht schwankend, aus seinem Sessel erhob.

„Wir könnten es uns doch noch ein bisschen gemütlich machen." Mein Blick flog ungläubig zu der inzwischen fast leeren Cognacflasche. Er interpretierte es falsch.

„Ich kann noch ein Fläschchen bestellen, kein Problem. Na, wie wäre es?"

Seine schwimmenden Augen kamen auf einmal näher und bevor ich mich rühren konnte, fasste er mir – zwischen die Beine!

Mir war, als hätte mir jemand eine Plastiktüte mit Eiswürfeln über den Kopf gestülpt. Eine vor Panik eiskalte Kopfhaut und das Gefühl, keine Luft mehr zu bekommen, ließen mich viel zu lange unbeweglich bleiben. Fischers zweite Hand lag auf einmal auf meinem Busen. Auf der schwarzen Bluse, die ich zu einem schwarzen Rock trug. War das nicht deutlich genug? Hatte der Mann denn gar kein Ehrgefühl, keine Pietät?

„Pfoten weg!", hörte ich mich nach einer gefühlten, ekligen Ewigkeit kreischen. „Was fällt Ihnen ein!" Ich trat einen Schritt zurück und fiel leider hinterrücks auf den Sessel, aus dem ich mich gerade erhoben hatte. Fischer, der erneut nach meinem Busen griff, stolperte mir hinterher und landete unsanft auf den Knien. Und genau zu meinen Füßen.

„Aber, Schätzchen, was soll denn das", brabbelte er, um dann, hoch erfreut über unsere seltsame

Zufallskonstellation, seinen Kopf unter meinen Rock zu schieben.

„Hilfe!!", schrie ich und zappelte unter dem Angriff des alkoholisierten Wüstlings, der nun an meinem Schenkel sabberte.

„Ah, eine von der temperamentvollen Sorte", schmatzte es unter dem Rock hervor. „Mag ich. Kann Weiber nicht leiden, die wie tote Fische sind."

Himmel, mir war nicht nach den intimen Geständnissen eines alternden Schlagerstars. Man kann allem mit Würde begegnen. Der Jugend, dem Alter, schwächelnder Stimme, versagender Potenz oder überbordender Libido. Vom eigenen Mann mit einer Escortdame zur Witwe gemacht zu werden.

Dieser Roman Fischer schien das alles nicht zu wissen oder er ignorierte es.

„Aufhören!", schrie ich. Aus meiner Position heraus konnte ich nicht aufspringen, denn der Kerl hing an mir wie eine überdimensionale, bleischwere Klette. Es gab nur eine Chance. Ich öffnete meine Schenkel weit, was dem Dazwischenliegenden ein lautes „Aaah", entlockte. Nur, um sie gleich darauf in einer heftigen Bewegung zu schließen.

„Aaah", schrie er ein zweites Mal, jetzt eindeutig schmerz- statt lustvoll. Dann schlug ich auf die Delle in meinem Rock, unter der sich sein Kopf verbarg. Endlich bewegte er sich in die richtige Richtung.

„Verflucht!" Sein Kopf tauchte wieder auf und ich hätte fast gelacht.

Roman Fischer, der Kreuzfahrtsänger mit dem seit Jahrzehnten gleichen Repertoire der beliebten Hits seiner größeren Erfolge, war fast kahl! Seine überstürzte Aktion zwischen meinen Beinen hatte ihn seines Toupets beraubt, das nun, als ich endlich aufspringen konnte, auf den Teppich herunterfiel wie ein totes Tier. Als der Sänger sah, was passiert war, heulte er erschrocken auf und nahm endlich seine Pfoten von mir, um damit seinen Schädel zu bedecken.

Meine Chance! In Windeseile hatte ich das Diktiergerät und meine Tasche an mich gerissen und rannte aus dem Zimmer, als seien tausend Teufel hinter mir her. Ich war bereits auf dem Flur, als eine zornige Stimme erklang.

„Hey, du prüde Zicke, glaub ja nicht, ich wäre auf so eine wie dich angewiesen. Du könntest dich glücklich schätzen, wenn noch einer was von dir will! Du verklemmte Oma!"

Der Rest blieb von mir ungehört, ich war schon auf der Treppe und rannte, bis ich völlig außer Atem und mit heftig schlagendem Herzen im Foyer stand. Zwei Hotelangestellte und ein Gast schauten erschrocken zu mir herüber. Ich fuhr mir automatisch übers Haar und zog meine Bluse zurecht. Dann stolzierte ich hoch erhobenen Hauptes hinaus.

Erst im Auto fing ich an zu zittern. Nur die Loyalität gegenüber meiner Blättchen-Familie hielt mich davon ab, Roman Fischers Interview in tausend Fetzen zu reißen und auf der Straße zu verstreuen.

***

Als ich von dem verunglückten Termin nach Hause kam, sah meine Tochter mich seltsam an. Ich war so wütend und aufgebracht, dass ich am liebsten irgendetwas gegen die Wand geworfen hätte. Was fiel diesem

Schlagerfuzzi eigentlich ein? Mir war selten etwas derart Ekliges passiert. Schon allein die Erinnerung an Fischers klebrige Pfoten verursachte mir Übelkeit. Und dann noch diese Unverschämtheiten, die er mir hinterhergeschrien hatte. Der war doch gut und gerne zehn Jahre älter als ich, wie konnte der mich als prüde Zicke und verklemmte Oma titulieren? Am liebsten wäre ich umgekehrt und hätte ihm noch einmal richtig die Meinung gesagt. Ob ich am Abend in die Stadthalle gehen sollte, um ihn nach seinem Konzert auszubuhen? Oder, noch viel besser, mich heimlich auf die Bühne schleichen und aller Welt erzählen, was für ein Widerling dieser allseits beliebte Sänger in Wirklichkeit war?

„Mama?" Miriams Stimme holte mich aus meinen beginnenden Gewaltfantasien heraus. „Ich habe hier was gefunden."

Erst begriff ich nicht, was sie meinte. Was konnte sie im Kleiderschrank ihres verstorbenen Vaters denn gefunden haben? Dann fiel mir alles wieder ein. Die seltsamen Umstände, die zu Geralds Tod geführt hatten. Die Frau in Italien, mit der er eine Tochter gezeugt hatte. Die Bitte, die junge Frau aufzusuchen.

„O Gott, nicht schon wieder", stöhnte ich innerlich. Worauf musste ich mich gefasst machen? Eine Großpackung Viagra, mehr Frauen, noch mehr Kinder?

„Ich glaube, das ist für dich", flüsterte Miriam und hielt mir ein flaches Päckchen entgegen. Es war in wunderschönes Papier gewickelt, lauter rote Rosen, die sogar beim Drüberstreichen einen leichten Duft ausströmten.

„Vermutlich dein Geburtstagsgeschenk."

Himmel, daran hatte ich nicht mehr gedacht. Natürlich, mein Mann war an meinem Geburtstag verschieden. Vorher hatte er noch ein Geschenk besorgt und in seinem Kleiderschrank versteckt, wie immer.

Langsam ließ ich mich auf das Bett niedersinken, das Päckchen hielt ich vorsichtig, wie etwas Kostbares, Empfindliches. Brennend stieg Hitze in meiner Kehle auf. Einen Moment lang waren alle schlimmen Dinge vergessen. Ein Geschenk. Ein Geschenk von Gerald. Liebevoll verpackt in duftendes Rosenpapier. Was mochte er ausgesucht haben?

Man könnte in Anbetracht der Geschehnisse meinen, dass Gerald ein Schuft, ein Schwein, ein liebloser Ehemann gewesen wäre. Fakt war, dass ich in all den Jahren meiner Ehe mit ihm kaum jemals Grund zur Klage gehabt hatte. Gerald hatte mich aus reiner Liebe geheiratet, schon recht früh in unserer Beziehung hatte er mir den ersten Antrag gemacht. Er hatte geduldig gewartet, bis ich soweit war. Immer hatte er viel gearbeitet, Überstunden geschoben, damit wir uns ein Haus in einer der schönsten Kleinstädte in der Umgebung von Frankfurt leisten konnten. Er hatte nicht übermäßig getrunken, nicht gespielt und niemals die Hand gegen mich oder unsere Tochter erhoben. Ehrlich gesagt hatte er mir auch keinen Grund zur Eifersucht gegeben, wenn man einmal von dem postmortal bekannt gewordenen Seitensprung und dem Treffen mit dieser Escortlady absah. Nichts konnte ungeschehen machen, was er mir damit angetan hatte. Aber nichts konnte die schönen und unbeschwerten Zeiten, die wir miteinander verbracht hatten, gänzlich wegwischen.

Als ich das Päckchen in der Hand hielt, war ich gerührt. Er hatte es selbst verpackt, wie er das mit all seinen Geschenken immer getan hatte. Ich erkannte es an dem schief geklebten Tesafilm, der sich unter der etwas zerdrückten Schleife befand. Und das alleine genügte, um in meinem für ihn erkalteten Herzen wieder eine kleine Ecke schmelzen zu lassen. Behutsam löste ich die Schleife, zog das Geschenkpapier auf. Heraus kam eine flache Schachtel mit der Prägung eines bekannten Juweliers. Ich klappte sie auf.

Miriam zog heftig die Luft ein und mir fiel die Kinnlade herunter. Ich begriff erst nicht wirklich, was es war. Erst, als ich die beigelegte Karte öffnete, erschloss sich mir die Bedeutung.

„Meine liebe Hanni", stand dort. „Seit fünfzehn Jahren habe ich diese Idee mit mir herumgetragen. Damals waren wir im Urlaub an der Ostsee und du hast deine Vorliebe für Strandgut entdeckt. Stets haben wir so viele Fundstücke nach Hause getragen, dass es dir vielleicht gar nicht auffiel, wenn irgendwann eines davon fehlte. Ja, ich habe für dieses und jedes der darauf folgenden Jahre etwas an mich genommen und möchte dir zu deinem Geburtstag dieses besondere Geschenk überreichen, das dich hoffentlich freut. In Erinnerung an viele schöne gemeinsame Urlaube. Und in der Hoffnung auf viele weitere. Gerald."

Armer Gerald, er hatte beim Formulieren dieser Karte keine Ahnung gehabt, dass es für ihn keine Urlaube mehr geben sollte.

Ich hob das Geschenk aus der Schachtel. Mir stockte der Atem. Es war wunderschön. Ein ganz besonderes, sehr persönliches Armband, geflochten aus Gelb-, Rot- und Weißgold. Kleine Objekte hingen daran. Fundstücke aus unseren Urlauben, die Gerald hatte aufarbeiten und fassen lassen. Völlig überwältigt strich ich mit den Fingerspitzen über ein Stückchen Bernstein, ein kleines, grünes Schneckenhaus, ein winziges Holzstück, ein Korallenästchen. Gerührt drehte ich mein Geschenk hin und her, erkannte das eine oder andere wieder und urplötzlich überkam mich das heulende Elend. Es war, als drückte mir eine Riesenfaust das Herz zusammen. All die schönen Momente, die ich mit diesem Geschenk verband, tauchten aus meiner Erinnerung auf. Warum nur hatte alles so schlimm enden müssen?

Miriam setzte sich neben mich und so hockten wir nebeneinander auf dem Bett, weinten hemmungslos, wünschten uns Dinge, die es nicht mehr gab, nie mehr geben würde. Ich dachte, dass keine Sicherheit im Leben existierte, für nichts. Es gab für uns Menschen nur die Gegenwart, die es zu bewältigen galt. Alles andere waren unerreichbar gewordenen Erinnerungen und Wünsche an die Zukunft. Und dieser Gedanke brachte mich wieder zurück zu einer jungen Frau in Italien.

***

„Fährst du nun?"

Zum gefühlt 100sten Mal fragte mich meine Tochter das. Miriam war ganz unaufgeregt in ihr früheres Leben zurückgekehrt, hatte ihr altes Zimmer bezogen, ihren Laptop aufgeklappt und arbeitete an ihren Aufträgen. Seit der Testamentseröffnung mit dem finalen Paukenschlag waren drei Monate ins Land gezogen. Zeit, in der ich versuchte, zur Tagesordnung überzugehen. Dabei schlug ich mich wacker. Übersah die mitleidigen und neugierigen Blicke, die mich gelegentlich trafen, schob jeden Gedanken an die italienische Affäre meines Mannes zur Seite und versuchte mir einzureden, wenn ich nur lange genug so tat, als existiere das alles gar nicht, würde es irgendwann wieder aus meinem Leben verschwinden.

„Nein", entgegnete ich nachdrücklich. „Ich will mit dieser ganzen italienischen Angelegenheit nichts zu tun haben. Sie ist mir peinlich. Sie schmerzt. Ich verstehe es einfach nicht, warum er das nicht anders geregelt hat." Dass ich der jungen Frau ihren Teil zukommen lassen würde, stand für mich außer Frage. Nur selbst hinzufahren, das konnte ich mir nicht vorstellen. Miriam nagte versonnen an ihrer Unterlippe.

„Wenn du es nicht machst, fahre ich. Ich bin zwar auch überrumpelt worden und kann es meinem Vater nicht wirklich verzeihen. Aber ich will meine Halbschwester kennenlernen!"

„Das kommt überhaupt nicht in die Tüte!"

Mir graute vor der Vorstellung, meine Tochter könne ihre Drohung wahr machen. Doch Miriams Hartnäckigkeit stieß etwas in mir an. Denn es war einfach so, dass ich Dinge sehr schlecht vor mir herschieben konnte. Unerledigtes machte mich nervös.

„Dein Vater hat genau gewusst, wie er mich kriegen kann", murmelte ich grimmig.

„Hanni Roos, die Zuverlässige. Die Frau, die hinter jeden Punkt ihrer To-Do Liste einen Haken setzen muss."

Miriam schaute mich irritiert an.

„Einen Haken setzen? Hinter meine Halbschwester? Einfach so, ohne was zu tun? Das stelle ich mir schwierig vor. Ich kenne dich doch. Außerdem – das geht auch mich etwas an. Sie kann ja schließlich nichts für die Umstände ihrer Zeugung."

Miriam hatte recht. Diese Angelegenheit betraf sie womöglich noch mehr als mich.

„Ich wäre schon neugierig darauf, wer die Frau ist, mit der dein Vater mich betrogen hat", gestand ich ihr.

Seit der Testamentseröffnung geisterten mir die schlimmsten Fantasien im Kopf herum. Sie alle drehten sich um eine Frau, die mir wie die fleischgewordene Bedrohung vorkam. Wie sah sie aus, wie war sie so, was hatte Gerald an ihr gefunden?

Was hat sie, was ich nicht habe, bohrte meine innere Stimme.

In diesen Momenten betrachtete ich mich wie unter einem Brennglas. Prüde und verklemmt, hatte dieser dämliche Schlagerfuzzi mich genannt. Warum hatte mich das so verletzt?

Warst du zu abweisend? Zu beschäftigt? Zu alltagsgrau? War das der Grund für Geralds Seitensprung? Die Escortlady?

Beim Gedanken daran wurde mir übel. Nie hatte ich das Gefühl gehabt, eine langweilige Ehe zu führen. Ein bisschen eingeschlafen, vielleicht. Aber war das nicht immer so, nach so vielen Jahren?

Und das waren nicht die einzigen Fragen, auf die ich eine Antwort suchte. Wer hatte damals Schluss gemacht? Was wusste Giulietta von ihrem Vater? Hatte sie Ähnlichkeit mit Miriam?

Es gab nur eine Möglichkeit, das Karussell in meinem Kopf zum Stillstand zu bringen.

Dort, wo der Schmerz sitzt, geht der Weg hin.

Irgendwann wurde mir klar, dass es nichts nützen würde, weiterhin den Kopf in den Sand zu stecken. Ganz egal, ob es mir passte oder nicht, die Dinge lagen so, wie sie lagen. Mir blieb die Wahl zwischen Fragen, die ich mir ewig stellen würde, ohne je eine Antwort zu erhalten. Oder den Stier bei den Hörnern zu packen, dieser Sophia samt Tochter ins Gesicht zu blicken. Wenn Miriam mitkam, hätte ich dabei jemanden an meiner Seite und müsste es nicht alleine durchstehen.

„Gut, du hast gewonnen. Wir fahren nach Italien", verkündete ich im Spätsommer nach langem Ringen, Zaudern und Zagen. Dass diese Ankündigung auch Miriam nervös machte, beruhigte mich merkwürdigerweise.

„Letzte bekannte Adresse ist in einem Ort namens Ceriale", murmelte ich, während ich auf einer Karte danach suchte. Endlich hatte ich es gefunden. Ein winziges Kaff an der Riviera, zwischen Genua und San Remo gelegen. Die Heimat von Sophia und ihrer Tochter. Für mich fühlte es sich an wie ein Ort am anderen Ende der Welt.

04

„Natürlich bläst du die Reise nicht ab. Wir fahren da gemeinsam hin! Jetzt, wo du dich einmal entschlossen hast, kommt ein weiterer Aufschub überhaupt nicht infrage", entschied Gila ein paar Tage später aus gegebenem Anlass.

Denn kaum hatten Miriam und ich uns zu der Reise entschlossen gehabt, war dieser Plan sogleich geplatzt, weil meine Tochter nach einem Sturz mit einem gebrochenen Bein zu Hause saß und das heulende Elend war.

„Wir?"

„Ja. Wir. Alleine lasse ich dich nicht nach Italien zu dieser Sophia und ihrer Tochter. Wer weiß, was bei so einem Treffen alles zur Sprache kommt, da kannst du eine gute Freundin an deiner Seite gebrauchen."

Das fand auch Sieglinde, die mich darüber hinaus auf keinen Fall mit Gila alleine reisen lassen wollte. Die beiden Frauen können sich nicht ausstehen, aber was meine geplante Reise betraf, waren sie einer Meinung.

„Natürlich schlafen wir alle getrennt", verkündete Gila kühl. Vermutlich wäre es das Schlimmste für sie gewesen, sich mit Sieglinde ein Zimmer zu teilen.

„Selbstverständlich nehmen wir meinen Wagen!" Gila ließ keinen Zweifel daran, dass ihr nagelneues, hellblau-metallic lackiertes Cabriolet der geeignete fahrbare Untersatz für diese Mission war.

Meine Flugangst machte es mir unmöglich, ein Flugzeug zu besteigen, Zugfahrten machten mich melancholisch. Eine Autofahrt würde mir Gelegenheit geben, mich der Sache gedanklich zu nähern und ich müsste nicht das Gefühl haben, etwas zu überstürzen. Ein Auto, so dachte ich mir, konnte man ja auch wenden, sollte ich es mir anders überlegen. Mir war es daher ganz recht, Gila als Chauffeurin bei mir zu haben. Sieglinde wiederum konnte ich nicht vor den Kopf stoßen. Sie war mir seit Geralds Tod eine große Hilfe gewesen und hatte stets ein offenes Ohr für mich. Dass meine Freundinnen so unterschiedlich waren wie Tag und Nacht und jedes Zusammensein Zündstoff ohne Ende barg, verdrängte ich in diesem Moment.

05

Gila stand mit ihrem chromblitzenden Vehikel zwei Tage später bereits morgens um sieben vor meiner Tür. Misstrauisch beäugt von Hugo, meinem Nachbarn, der wie üblich in seinem Garten zugange war.

„Urlaub?", wollte er wissen und blickte neugierig zu uns herüber. Gila trug an diesem Tag eine Caprihose, die farblich genau auf ihr Auto abgestimmt war, und eine weiße, am Bauch geknotete Bluse. Sie sah genauso aus, wie man in Italien aussehen sollte.

Für September war es recht warm, in der Luft lag der zarte Duft von Wicken und Freesien und mischte sich mit Gilas Fliederparfum. Während wir meine Reisetasche neben Gilas edles Designerstück in den Kofferraum packten, ertönte auf dem Bürgersteig das klappernde Geräusch von Sieglindes Trolley. Muffelig kam sie auf uns zu, die grau-blonde Kurzhaarfrisur wie üblich mit Haarspray so festbetoniert, dass sie gegebenenfalls einen Hurrikan überstehen würde. Über der braunen Hose trug sie eine Windjacke, ein beigefarbenes Stück mit Strickbündchen, das aus unerfindlichen Gründen bei Rentnern beiderlei Geschlechts sehr beliebt war. Über der Schulter baumelte eine dunkelbraune Kunstlederhandtasche. In der freien Hand schaukelte ein Käfig. Ronnie, ihr hellblauer Wellensittich, saß darin und veranstaltete heiser krächzend einen Mordsspektakel.

„Den will sie doch nicht etwa mitnehmen?", raunte mir Gila mit heftig gerunzelter Stirn zu.

„Morgen Hugo!", rief Sieglinde im selben Moment und schoss einen giftigen Seitenblick auf Gila ab. „Danke, dass du dich um Ronnie kümmerst."

Hugo nickte mit dem nötigen Ernst und scheuchte den neugierig herbeigeschlichenen Mikesch demonstrativ weg.

„Du passt doch gut auf ihn auf?", fragte Sieglinde ängstlich. Sie kramte eine Großpackung Vogelfutter aus ihrer Tasche und machte kleine, klackende Geräusche in Richtung ihres Vogels. Die sollten ihn wohl beruhigen, bewirkten aber das Gegenteil. Er fing lautstark an zu schimpfen.

„So ein Geschiss um einen ollen Wellensittich", brummte Gila.

„Lass gut sein, sie hat sonst niemanden."

„Ja, das denke ich mir!"

Hugo versicherte Sieglinde, er passe gut auf alles auf, das Haus, den Garten und ganz besonders Ronnie.

Beruhigt kam Sieglinde danach mit ihrem Rollkoffer zu uns herüber.

„Der Trolley passt nicht in den Kofferraum", verkündete Gila kühl und deutete auf die beiden Gepäckstücke, die da schon lagen.

„Wenn man sie etwas zusammenschiebt ...", Sieglindes Miene hatte sich bereits verdüstert. Am liebsten hätte ich Sieglinde in diesem Moment gebeten, uns nicht zu begleiten. Doch das wäre nicht nur zutiefst unhöflich gewesen, sondern hätte auch das sofortige Ende einer bisher guten und langjährigen nachbarschaftlichen Freundschaft bedeutet. Ganz zu schweigen davon, dass dieser Vorfall, der sich direkt unter Hugos Nase abspielte, es dadurch in

Nullkommanichts durch die Straße geschafft hätte. Wie sollte das gehen, mehrere Tage am Stück mit diesen beiden Frauen zu verbringen, die einander in solch herzlicher Abneigung verbunden waren? Ich hatte keine Ahnung, nur dunkle Befürchtungen.

„Dann nehme ich den Trolley eben mit auf den Sitz", erwiderte Sieglinde patzig, nachdem sie etwas von „für Auslandsreisen völlig ungeeignetes Angebervehikel" gemurmelt hatte.

„Kommt nicht infrage! Die Polster sind ganz neu. Dieser Dreck an den Rollen ..."

„Hört auf", bat ich.

„Leg Sieglindes Trolley in den Kofferraum, ich stelle meine Reisetasche auf den Rücksitz!"

Miriam kam aus dem Haus gehumpelt. Unter ihren melancholischen Blicken hievten wir die Gepäckstücke so lange hin und her, bis alles einigermaßen passte. Mikesch rieb sich an ihrem Gips und schnurrte vor Behagen.

„Denk dran, ihn nicht ins Wohnzimmer zu lassen", bläute ich meiner Tochter ein, bevor wir uns mit einer festen Umarmung voneinander verabschiedeten.

„Egal, was geschieht, bleib ganz cool. Und ruf mich an, sobald du mit ihr geredet hast. Ich bin total neugierig auf sie", verlangte sie von mir.

Dann nahm ich endlich meinen Platz auf dem Beifahrersitz ein. Gila programmierte derweil ihr Navi, Sieglinde stieg noch einmal aus, weil sie Hugo unbedingt noch etwas sagen musste und ich stieg auch noch einmal aus um Miriam ein letztes Mal in den Arm zu nehmen.

„Schick mir bitte sofort ein Foto von dieser Giulietta", bat sie mich jetzt noch. „Ich will wissen, wie sie aussieht. Ob wir uns ähnlich sehen."

Dann, endlich, fuhren wir los.

Die erste halbe Stunde unserer Fahrt verlief einigermaßen friedlich. Außer der Navigationsfrau, die sich gelegentlich meldete, sprach niemand ein Wort. Gila fuhr, ich saß auf dem Beifahrersitz und schaute aus dem Fenster ohne etwas zu sehen und Sieglinde ruckelte ab und zu auf der Hinterbank herum. Gilas Auto besaß eine Klimaanlage, was in Anbetracht der angesagten sommerlichen Temperaturen und unseres Zielortes sinnvoll schien.

„Habt ihr eigentlich Zimmer bestellt?", wollte Sieglinde irgendwann wissen.

Ich schaute erschrocken zu Gila hinüber, die die Zähne zusammenbiss und stur geradeaus schaute.

„Nein, habe ich nicht", antwortete ich nach einer Schrecksekunde. Tatsächlich hatte ich gar nicht daran gedacht.

„Weil nämlich die Saison ja noch nicht zu Ende ist", fuhr Sieglinde fort. Sie hatte viele gute Eigenschaften, Empathie gehörte nicht dazu. Mir wurde leicht flau im Magen. Wieso hatte ich nicht daran gedacht, an unserem Zielort ein Hotel für uns zu buchen?

„Alles halb so wild", meldete sich Gila jetzt zu Wort. „Dieser Ort, dieses Ceriale, ist ein Touristengebiet. Da gibt es sicherlich Hotels in Hülle und Fülle. So wir dort überhaupt nächtigen wollen. Kann ja sein, dass sich Hanni anders entscheidet, ein wenig Abstand braucht, wir unter der angegebenen Adresse niemanden ausfindig machen und sowieso woanders hinmüssen.

Also – kein Grund zur Beunruhigung. Wir finden dort etwas, wohin auch immer es uns verschlagen wird."

Nach dem danach eintretenden Moment der Stille raschelte Sieglinde hinter uns mit einer Zeitschrift.

„In meinem Horoskop steht, dass sich viele Dinge heute anders entwickeln als geplant", ertönte dann erneut ihre Stimme.

Sieglinde las jeden Tag ihr Horoskop und, wenn ich es nicht verhindern konnte, auch meines, was sie mir dann brühwarm erzählte, garniert mit Vorschlägen fürs Leben. Da in Sieglindes Kopf das Leben ein einziger Hürdenlauf über Schwierigkeiten, Turbulenzen und Gefahren war, legte sie alles, was sie hörte, sah und las dementsprechend aus.

„Das kann durchaus sein", antwortete Gila wie aus der Pistole geschossen. „Da wir aber nichts geplant haben, wird sich alles anders entwickeln. Wenn du verstehst, was ich meine." Ihre Stimme triefte vor Sarkasmus.

„Was steht denn in meinem?", fragte ich Sieglinde, um einen Streit der beiden Frauen zu verhindern. Genau wie Gila hielt ich Horoskope für Hokuspokus, wollte aber keine schlechte Stimmung aufkommen lassen und alles mit Humor nehmen.

„Bei dir steht, du solltest dir heute kein X für ein U vormachen lassen."

Gila gluckste erfreut. Ich sah sie warnend an, aber sie schaute ja geradeaus.

„Das passt doch haargenau. Hör nicht auf dein Horoskop", waren ihre Worte. Aber bevor jetzt eines der von mir so gefürchteten Streitgespräche zwischen meinen beiden besten Freundinnen entbrannte, sagte

Sieglinde etwas, das Gila noch mehr auf die Palme brachte als das Horoskopgequatsche.

„Ich muss aufs Klo. Kannst du mal anhalten?"

***

Wir hatten es bis kurz hinter die italienische Grenze geschafft, als der Motor von Gilas Wagen anfing zu stottern. Sieglinde hatte, gottseidank, die letzten Stunden hinten leise vor sich hin geschnorchelt und erwachte nun ruckartig. „Was ist los?", rief sie mit der leicht panischen Stimme, die sie immer dann bekam, wenn etwas Unvorhergesehenes geschah oder zu geschehen drohte.

„Verdammt, irgendetwas stimmt nicht!" Gila schaltete die Warnblinkanlage ein und fuhr auf den Seitenstreifen. Links von uns zogen tadellos funktionierende italienische Kleinwagen vorbei, und manch ein Fahrer hatte schon die Hand erhoben, um in der internationalen Zeichensprache zu zeigen, was er von unserer schwächelnden deutschen Luxuskarosse hielt. Aber der Anblick von drei Frauen, und wohl ganz besonders Gilas hellblonder Zuckerwattefrisur, brachte sie dann doch dazu, den Stinkefinger zugunsten eines interessierten Blicks sinken zu lassen. Schließlich stoppte ein hilfsbereiter Italiener hinter uns. Sein Kopf verschwand unter Gilas Motorhaube und ich schöpfte Hoffnung. Sieglinde hingegen argwöhnte, es handele sich womöglich um einen Trick der Mafia und hielt ihre Kunstlederhandtasche so fest, als rechnete sie sekündlich mit einem Angriff des organisierten Verbrechens. Der Italiener tauchte wieder auf, sein Schulterzucken, sein Kopfschütteln und Gilas erschütterte Miene machten mir klar, dass unsere Reise für diesen Tag wohl zu Ende war.

Eine halbe Stunde später rumpelten wir am Abschleppseil eines Fiat Topolino über eine Landstraße.

„Luciano sagt, er habe dort einen Cousin, der hat eine Autowerkstatt." Da vermutlich jeder Italiener jemanden in der engeren Verwandtschaft hatte, der eine Kfz-Werkstatt betrieb, kam Gila und mir das ganz natürlich vor. Sieglinde jedoch atmete erst auf, als wir an unserem Ziel angelangt waren.

Die Werkstatt des Cousins erwies sich als eine Art Garage, in der allerlei Reifen, Autobatterien und Werkzeug herumlagen. Es roch nach Öl und heißem Metall. Der Cousin selbst kam unter einem Alfa Romeo hervorgekrochen. Er trug einen Overall, dessen ursprüngliche Farbe nicht mehr erkennbar war, und wischte sich die schwarzen Finger an einem noch schwärzeren Tuch ab. Hätte sich diese Werkstatt in Deutschland befunden, ich hätte vermutlich sofort Reißaus genommen. Hier erschien sie mir beruhigend normal.

„Mercedes?" Der Cousin kratzte sich am Kopf, die nachfolgende Unterhaltung mit unserem Retter Luciano hörte sich nach wildem Geschrei an, war aber nur eine Unterhaltung unter Männern in landestypischer Lautstärke. Als Ergebnis teilte uns der Werkstattbesitzer mit, es läge an der Elektronik, ein Ersatzteil müsse beschafft werden, was genau und wofür, dafür reichte unsere Sprachkenntnisse nicht aus. Jedenfalls sei es unumgänglich, die Nacht im Ort zu verbringen. Die Cousine der Frau seines Onkels habe eine kleine Pension, und essen könne man dort ganz vorzüglich.

„A domani", verabschiedete er uns dann und wir trotteten mit unserem Gepäck und leicht verblüffter Miene davon.

Luisas Pension erwies sich als einfach und wenig zeitgemäß, aber die Zimmer waren sauber. Inzwischen war es früher Abend, die Fahrt hatte länger gedauert als geplant. Sieglindes ständiger Harndrang, ein Stau vor dem Gotthard und eine Kontrolle durch zwei Beamte der italienischen *Polizia Stradale*, die sich begeistert unsere Warnwesten vorführen ließen und sich vom ordnungsgemäßen Zustand unseres Erste-Hilfe-Kastens überzeugten, hatte Gilas ausgeklügelten Zeitplan durcheinandergebracht.

„Ehrlich gesagt, die Aussicht auf eine Dusche, eine Portion Pasta und zwei Gläser Wein ist mir gar nicht so unrecht", murmelte meine Freundin und ließ ihre von der Fahrt verspannten Schultern kreisen, dass es nur so knackte.

***

Auch wenn die Pension sehr einfach war, eines musste man der Betreiberin lassen: kochen konnte sie. Das Menü aus hausgemachten Ravioli mit einer Kürbisfüllung und Parmesan, das Kaninchenragout und die Panna Cotta mit Früchten gehörte wohl zum Besten, was ich in meinem Leben bisher gegessen hatte.

„Ich platze gleich", verkündete ich daher nach dem obligatorischen Espresso und nickte, als Luisa mit der Grappaflasche an den Tisch trat.

Gila orderte für sich einen doppelten, während Sieglinde verkniffen den Kopf schüttelte. Sie hatte noch ein halb volles Weinglas vor sich stehen, während Gila und ich uns bereits mit dem zweiten Glas zuprosteten.

„Wie machst du es nur, so schlank zu bleiben?", entfuhr es mir nach einem neidvollen Blick auf Gilas Taille.

„Das Leben genießen und ab und zu mal einen Fastentag einlegen. Sobald der Hosenbund kneift, gehe ich auf Trennkost und verzichte komplett auf Alkohol und Süßes", antwortete sie gut gelaunt und schnalzte gleich darauf mit der Zunge. „Aber heute nicht. Dieser Grappa ist köstlich!", rief sie aus und sah sich nach der Wirtin um, um noch einen zu bestellen, dieses Mal aber nur einen einfachen.

„Für die nötige Bettschwere", grinste sie dabei.

„Hoffentlich ist das Auto morgen repariert", warf Sieglinde sauertöpfisch ein.

„Sieh es mal so: Wenn wir nicht liegen geblieben wären, hätten wir diese kleine Pension und das fantastische Essen nie kennengelernt", antwortete ich ihr. Gleichzeitig öffnete ich möglichst diskret den Knopf an meiner Hose.

„Und diesen attraktiven jungen Mann auch nicht", gurrte Gila und warf einen Blick zu dem Italiener, der am Kopfende des Restaurants an der kleinen Bar saß und schon den ganzen Abend immer wieder zu unserem Tisch herübersah.

„Der ist doch viel zu jung", murrte Sieglinde.

„Zu jung wofür?" Gilas Augenbrauen schnellten nach oben. Ihr Mund verzog sich spöttisch.

„Na ja, er ist höchstens dreißig", gab jetzt auch ich zu bedenken.

„Gerade das richtige Alter!" Gila strich sich wie zufällig mit den Fingerspitzen durchs Haar. Ich hörte es förmlich knistern und der Adonis an der Bar offensichtlich auch.

Er lächelte Gila fasziniert an und zeigte dabei eine Reihe blendend weißer Zähne.

„Gila, du wirst doch nicht ..." Ich hörte selbst, wie freudlos sich meine Stimme anhörte.

„Nein, vermutlich nicht. Denn ich bin ja nur hier, weil ich meine beste Freundin, die gerade Witwe geworden ist, begleite. Dazu würde doch so ein saftiger One-Night-Stand nicht passen." Gilas Augen glitzerten bei diesen Worten, aber nicht so, dass ich einschätzen konnte, wie sie das meinte.

„Die Nacht ist noch jung, trinken wir lieber noch ein Glas Wein", schlug ich stattdessen vor. Ich sehnte mich nach einer Leichtigkeit, die vermutlich auch mit dem Wein nicht kommen würde. Aber wenigstens würde ich danach gut schlafen können.

„Ich habe ziemlichen Bammel vor der Begegnung mit dieser Sophia", platzten meine Gedanken aus mir heraus.

„Was befürchtest du denn?" Sieglinde nippte an ihrem Wein und beugte sich dabei ein wenig zu mir herüber.

„Dass sie schön ist und sexy und lebensfroh. Und ich mich für den Rest meines Lebens fragen muss, ob Gerald auch nach der Affäre mit ihr an sie gedacht hat. Wenn er mit mir zusammen war."

Gila goss schweigend mein Glas voll und ich sah sinnierend in den blutroten Wein, als könne ich darin die Antwort auf meine Fragen entdecken.

„Schön, sexy und lebensfroh. Aha." Gila zog ihre Bluse straff und sah dabei zu dem Adonis an der Bar. Mit einem leicht bedauernden Achselzucken, wie mir schien. „Das bist du auch, wenn du willst."

„Ich?" Erstaunt sah ich meine attraktive Freundin an. „Ehrlich gesagt komme ich mir gerade jetzt alt und grau vor. Verwelkt und unsichtbar. Der letzte Mann, der mich angesprochen hat, war vermutlich ein Zeuge Jehovas, der mir seinen Wachtturm zeigen wollte!"

„Wir sind eben nicht mehr die Jüngsten!" Sieglinde hob ihr Glas bei diesen Worten. Es sah irgendwie triumphierend aus.

„Ja, ja. Und die Zumutungen des Lebens sind nicht spurlos an uns vorübergegangen, ich weiß", setzte ich hinzu.

„Quatsch. Wenn eine Frau sich so fühlt, so alt und vergessen, liegt das nicht nur an den weißen Haaren, den Falten und der Schwerkraft. Sondern an der inneren Einstellung", funkelte Gila zurück.

„Warte, bis du in mein Alter kommst", prophezeite ich ihr.

„Hanni Roos, ich bin gerade mal zwei Jahre jünger als du."

„Und das wirst du auch in zwei Jahren noch sein", antwortete ich.

„Wenn es nach mir geht, bin ich auch in zwei Jahren nicht so alt, wie du dich gerade fühlst!"

„Jeder Blick in den Spiegel zeigt doch, wie der Zahn der Zeit an mir genagt hat. Und jetzt ... bin ich auch noch verwitwet und werde den Rest meines Lebens allein bleiben!" Der Wein fing an, einen leichten Schleier über Logik und Verstand zu legen.

„Wirst du nicht!" Ausgerechnet von Sieglinde kam das.

„Bist du doch auch", konterte ich.

Sieglindes Geschichte kannte jeder in unserer Straße. Ihr Mann hatte sie vor einigen Jahren Knall auf Fall verlassen, sie war alleine geblieben.

„Freiwillig, jawohl!" Sieglinde spitzte die Lippen und trank einen winzigen Schluck Rotwein. Dann, kurz bevor sie das Glas abstellte, überlegte sie es sich anders und trank auch den Rest aus. „Für mich auch noch ein Glas", bat sie daraufhin mit leicht geröteten Wangen. Sieglinde trank selten mehr als ein gut abgemessenes Viertel. Sie vertrug nicht viel. An diesem Abend schienen jedoch andere Gesetze zu gelten. Gila zog amüsiert die Brauen hoch und griff nach der Flasche, um nachzuschenken.

„Ihr alle denkt, mein Mann hätte mich sitzenlassen", redete Sieglinde weiter. „Aber das stimmt nicht. Ich habe ihn umgebracht und unterm Kirschbaum begraben. Seither trägt er doppelt so viel."

„Oh!" Gila hielt sich dezent schockiert die Hand vor den Mund. Ich starrte Sieglinde an und erkannte das feine Lächeln in ihren Mundwinkeln, das sie immer aufsetzte, wenn sie einen ihrer seltenen Scherze machte.

„Quatsch. Ich habe ihn damals rausgeschmissen, seine Klamotten in zwei Koffer gepackt und sie ihm vor die Tür gestellt. Und wisst ihr was? Ich habe es bisher noch keinen Tag bereut! Auch wenn die ganze Straße mich damals so mitleidig angesehen hat. Richtig nachgefragt hat sowieso niemand, vermutlich wollten alle nicht an meine Wunden rühren. Nur, dass es die nicht gab. Es gab andere, aber darüber habe ich bisher nie gesprochen."

Mir war leicht unwohl bei diesen Worten. Natürlich konnte ich mich an die Sache erinnern, sie war ja wochenlang Gesprächsthema in unserer Siedlung gewesen. Alle, die der Meinung gewesen waren, etwas darüber zu wissen, hatten ihren Senf zu Klatsch und Tratsch gegeben. Ich hatte Sieglinde damals nur flüchtig gekannt. Erst kurz nach diesem einschneidenden Erlebnis hatten wir uns näher angefreundet. Auch ich hatte damals nie nachgefragt, weil ich glaubte, alles zu wissen.

„Wie war es denn dann?", fragte Gila. Sie legte die Hand unters Kinn und blickte ihr Gegenüber jetzt ernst und aufmerksam an.

„Alles war gut, so wie überall. Wir haben 3 Kinder aufgezogen, ein Haus gebaut und sind dreißig Jahre lang jeden Sommer nach Mallorca geflogen." Sieglinde schnaufte leicht bei diesen Worten. „Dann wurde ich krank." Sie schaute auf, so direkt, dass es wehtat. „Brustkrebs."

Ich erschrak. Wenn ich von schweren Krankheiten hörte, wurde mir immer ganz unangenehm schwummerig. Vor allem, seit die Einschläge mit zunehmendem Alter immer näher kamen. Und Sieglinde ... das war ganz nah.

„Damit konnte mein Mann nicht umgehen. Es ging weniger um die Tatsache, dass ... also ... die Operation ... ihr wisst schon." Hilflos zog Sieglinde das Glas an sich und mein Blick fiel auf ihre adrette Bluse mit den üppigen Rüschen und der Schluppe. Wollte sie uns jetzt sagen, dass sich darunter nichts Natürliches mehr verbarg?

„Nein, er kam nicht mit meinem Leiden zurecht. Den Auswirkungen der Chemotherapie, meiner Übelkeit und meiner Schwäche. Der Depression, die folgte."

Chemotherapie? Ich sah entsetzt auf Sieglindes Haar. War das etwa ...

„Gottseidank fand mein Haarausfall im Herbst statt, sodass ich ihn außerhalb des Hauses mit Mützen, Kappen und meinem Gärtnerinnenkopftuch tarnen konnte." Sie hatte meinen Blick bemerkt und ich schämte mich in Grund und Boden für meine Oberflächlichkeit. Sie hatte damals die Hölle durchgemacht und ich hatte nichts bemerkt und dachte jetzt zuerst an Äußerlichkeiten.

„Inzwischen ist alles wieder nachgewachsen, sogar dichter als vorher. Also – auf dem Kopf." Ihr Blick sank kurz nach unten.

„Schamhaarausfall ist nicht zwingend eine Folge einer Chemotherapie. Den habe ich auch seit kurzem", gab Gila trocken ihren Senf dazu. „Und die Brauen werden auch immer dünner."

Mir war jetzt klar, warum ich seit geraumer Zeit meine Beine nicht mehr so oft rasieren musste. So gesehen hatte das Alter also auch ein paar Vorteile.

„Na ja, auf jeden Fall wollte ich schon damals kein falsches und auch kein echtes Mitleid und habe alles mit mir selbst ausgemacht. Ich würde sogar heute noch sagen, dass ich auf meinen Mann damals so viel Rücksicht genommen habe, wie es eigentlich umgekehrt hätte sein sollen. Aber er zog sich immer mehr vor mir zurück, wollte nicht über meine Krankheit reden, sie nicht sehen, mir nicht helfen, damit fertigzuwerden. Er benahm sich schäbig. Der Mann, für den ich stets meine ehelichen Pflichten erfüllte, auch wenn ich eigentlich keine Lust hatte, dessen Socken und Unterhosen ich gewaschen habe, der in meinem Beisein ohne Schamgefühl gerülpst und gepupst hat, kam nicht damit klar, dass es mir auf einmal schlecht ging, ich einfach nicht mehr funktionierte wie zuvor. Da habe ich die Notbremse gezogen."

„Alle Achtung!", entfuhr es Gila. „Du bist ja ziemlich taff."

Das fand ich auch. Doch bei mir regte sich neben Bewunderung auch so etwas wie ein schlechtes Gewissen.

„Sieglinde, warum hast du nie etwas gesagt? Ich komme mir so erbärmlich vor, dass ich das nicht mitbekommen habe. Dir nicht beistehen konnte." Ich legte ihr die Hand auf den Arm. Sie lächelte nur.

„Ach Hanni, als wir uns damals angefreundet haben, war ich doch so froh, nicht mehr über das ganze Thema reden zu müssen. Eine Freundin zu haben, mit der ich wieder die leichteren Themen des Lebens sehen konnte. Wie du mir von deiner Arbeit und deiner Tochter erzählt hast, wir nachmittags Kaffee tranken, Rezepte austauschten, Marmelade kochten und, und, und. Die ganz einfachen Dinge des Lebens waren das und dennoch so wertvoll für mich. Waren es doch Situationen, von denen ich wenige Monate zuvor noch nicht einmal wusste, ob ich sie noch erleben würde."

Sie tätschelte meine Hand, straffte ihre Schultern und blickte kampfeslustig um sich.

„Aber das mit meinem Ex, das wollte ich doch mal richtigstellen. Und dass ich keinen Mann mehr in meiner Nähe haben will, ist allein meine Entscheidung. Du musst jedenfalls nicht alleine bleiben, wenn du das nicht willst."

***

Nachdem Sieglinde ihre Geschichte erzählt hatte, fragte ich mich im Stillen, warum ich mich eigentlich über die optischen Auswirkungen meiner nachlassenden Jugend so grämte, wo ich doch gottseidank gesund war. Dafür konnte ich dankbar sein, was machten da dickere Hüften und dünnere Wimpern?

Der junge Italiener hatte sich inzwischen vom Acker gemacht.

„Jetzt isser weg", konstatierte Sieglinde mit unüberhörbarer Genugtuung, bevor sie sich entschuldigte, um aufs Klo zu gehen.

„Hättest du ihn unter anderen Umständen wirklich mit aufs Zimmer genommen?", wollte ich von Gila wissen.

Meine Freundin lächelte fein. Ich sah sie an, das leuchtende Haar, die zarte Haut und die lebendigen Augen. Ja, ich konnte mir vorstellen, dass sie ohne Weiteres einen zwanzig Jahre jüngeren Kerl abschleppen konnte.

„Nein, hätte ich nicht", sagte sie zu meiner Überraschung. „Mir genügt zurzeit das Wissen darum, dass ich es könnte. Dieses Flirren in der Luft, wenn man mit einem Unbekannten flirtet, das Kribbeln im Bauch. Der Gedanke daran, was sein könnte …". Ihre tadellos manikürten Hände lagen so sittsam gefaltet auf dem Tisch, als wolle sie demonstrieren, wie harmlos das doch alles war.

„Aber um mich darauf einzulassen, braucht es doch ein bisschen mehr als einen attraktiven Body und ein perfektes Lächeln. Der Unbekannte an der Bar hat mir gutgetan, meinem Ego geschmeichelt, mein Selbstbewusstsein aufpoliert. Das ist es, was ich momentan von jüngeren Männern will. Ein Gedankenspiel mit Möglichkeiten, die die Augen strahlen und die Haut leuchten lassen. Attraktivität und Erotik haben viel damit zu tun, wie man sich selbst fühlt. Darum alleine schon lohnt es sich, ab und zu mal die Augen aufzumachen und sich umzusehen, was das Leben noch so zu bieten hat. Das war es auch, was ich vorhin zu dir meinte."

Ein leichter Hickser aus dem Hintergrund unterbrach unser Gespräch. Es war Sieglinde, die zurückkam und vom ungewohnten Wein Schluckauf hatte. Sie verkündete, sofort ins Bett zu gehen. „Schließlich müssen wir morgen früh raus!"

„Müssen wir nicht", brummte Gila und teilte den Rest Wein zwischen uns auf.

„Wir sind in Italien. Die Werkstatt öffnet frühestens um zehn und wir haben es nicht mehr weit nach Ceriale. Das schaffen wir locker, auch wenn wir ausschlafen. Schließlich sind wir im Land des Dolce Vita und nicht in dem der Hetze!"

Sieglinde winkte ab und ging auf ihr Zimmer. Wir tranken unseren Wein aus und folgten ihr wenig später.

06

Am nächsten Morgen ließen wir uns Zeit mit dem Frühstück. Gila war sich sicher, dass wir unser Pensum auch ohne Hektik schaffen würden. Sieglinde hatte bereits einen ausgiebigen Spaziergang hinter sich. Sie wirkte etwas verkatert, ließ sich aber nicht davon abhalten, uns unsere Horoskope vorzulesen.

„Das Leben macht Ihnen einen Strich durch die Rechnung. Lernen Sie daraus", verkündete sie mir mit düsterer Stimme.

„Niemand kann auf allen Hochzeiten tanzen, auch Sie nicht. Schonen Sie Ihre Reserven", lautete ihr Ratschlag für Gila.

Die tippte sich mit dem Finger an die Stirn. „So ein Blödsinn, vermutlich ist das eine Zeitschrift von letzter Woche."

War sie aber nicht, Sieglinde war extra durch den ganzen Ort gelaufen, um ein aktuelles Exemplar zu ergattern.

„Macht man heute doch alles per Smartphone und App", frotzelte Gila.

„Neumodisches Zeug, das die Leute davon abhält, selbst zu denken", konterte Sieglinde.

„Bitte, streitet euch jetzt nicht. Ich bin wahnsinnig nervös und brauche euch beide", bat ich die Streithennen.

In der Werkstatt erwartete man uns schon. Zwei freudestrahlende Mechaniker erklärten Gila, das Ersatzteil sei bereits eingebaut und die Fahrt könne weitergehen.

„Ma piano, Signora", schmalzte der Chef mit glühendem Blick in Gilas appetitliches Dekolleté.

Jetzt konnten wir loslegen. Ohne weitere Verzögerungen kamen wir bis nach Genua und von dort ging es über eine malerisch geschwungene Küstenstraße weiter. Linkerhand lag das Meer, dunkelblau und verlockend glitzernd, an einigen schmalen Sandstränden hatten es sich Sonnenanbeter gemütlich gemacht, hier und da schaukelten Schwimmer in den sanften Wellen.

Hinter Finale Ligure wurde mir flau im Magen. In Borghetto Santo Spirito erlitt ich einen heftigen Krampf in der Brust und als wir den Ortseingang von Ceriale vor uns sahen, wurde mir sehr, sehr übel. Doch ich biss die Zähne zusammen, sagte nichts. Egal, was jetzt kommen würde, ich wusste zwei Freundinnen an meiner Seite. Die mir, so unterschiedlich sie auch waren, ohne Wenn und Aber beistehen würden. Jede auf ihre Weise.

„Verdammt", fluchte Gila. „Dieses Navigationssystem scheint hier überlastet zu sein."

„Hast du auch die richtige Adresse eingegeben?", fragte Sieglinde vom Rücksitz aus und provozierte fast einen Wutanfall von Gila.

„Ja, Euer Gnaden, das habe ich. Aber vermutlich stehen die Sterne heute nicht günstig!" Damit trat sie so heftig auf die Bremse, dass ich schmerzhafte Bekanntschaft mit dem Sicherheitsgurt machte. Während die Stimme aus dem Navi noch immer stetig „Ziel erreicht" plärrte, fuhren wir rechts in eine kleine Parkbucht.

„So klein kann der Ort nicht sein", brummte ich. Meine Hände zitterten so sehr, dass ich mich kurzerhand draufsetzte.

„Wartet hier. Ich schaue auf den Plan." Gila war schon ausgestiegen und lief auf einen Ortsplan zu, zog sich ihre Lesebrille auf und fuhr mit dem Finger über die Linien dort. Was, wenn es die angegebene Adresse gar nicht gab? Vielleicht hatte diese Italienerin meinen Gatten einfach eingeseift und abgezockt? Wer sagte überhaupt, dass Giulietta Geralds Leibesfrucht war? Sollte ich nicht lieber umkehren und so tun, als ginge mich das alles gar nichts an?

Gila kam mit grimmigem Gesicht zum Auto zurück, warf sich in den Sitz und ließ krachend die Gänge einrasten. Niemand sagte ein Wort, gottlob auch Sieglinde nicht, die auf dem Rücksitz ihre Bachblüten vertropfte.

Wie sich herausgestellt hatte, lag die gesuchte Adresse in einer kleinen Stichstraße, die sich unweit des Ortseingangs befand. An den imposanten Überresten eines uralten, runden Festungsturms vorbei rollten wir in den Ortskern. Gila stellte den Wagen auf einem kleinen Parkplatz ab und wir stiegen alle drei aus. Der Himmel über uns spannte sich in wolkenlosem Blau, Palmen wiegten sich im Wind und vom Meer her fächelte uns eine leichte Brise zu. *Riviera dei Fiori* hieß der Küstenabschnitt. Wenn man die vielen bunten Blüten sah, deren Duft in der Luft lag, wusste man, warum.

„Zweihundert Meter von hier", stellte Gila fest und riss mich aus meinen Betrachtungen.

„Ich kann da nicht alleine hingehen", jammerte ich. Jetzt, mit der Tatsache vor Augen, die einstige Geliebte und Geralds in außerehelicher Aktivität gezeugter Tochter gleich gegenüberzustehen, verließen mich meine Kräfte.

„Papperlapapp. Wir sind nicht die ganze Strecke gefahren, damit du dir jetzt in die Hosen machst", verkündete Gila kühl. „Ich komme mir dir, immerhin spreche ich ein wenig Italienisch."

Wir sahen zu Sieglinde, die mit fest an die Brust gedrückter Tasche vor dem Wagen stand, misstrauisch um sich blickend.

„Ich bleibe hier!", verkündete sie. „Zu dritt können wir nicht bei dieser ... Dame ... aufkreuzen. Und jemand muss ja das Auto bewachen. Hier in Italien soll es ziemlich viele Diebstähle geben."

Gilas Augenbrauen schnellten beunruhigend weit nach oben.

„Setz dich ruhig vor die Espressobar da drüben und warte auf uns." Gila zeigte auf ein paar sonnenbeschienene Stühle und Tische, von denen aus man den Parkplatz sehen konnte. „Mein Auto hat eine ziemlich laute Alarmanlage, du wirst es nicht verpassen, wenn jemand es klauen will."

Gila drehte sich zu mir um.

„Los, wir gehen jetzt da hin!" Sie zog mich mit sich und mir war klar, dass es jetzt kein Zurück mehr gab.

Wir gingen ein paar Meter eine steil ansteigende, schmale Straße in nördliche Richtung hinauf. Nachdem wir eine kleine Bäckerei passiert hatten, aus der heraus es appetitlich nach frischem Brot roch, machte die Straße einen starken Linksknick und wenige Schritte später zweigte rechter Hand eine schmale Gasse ab.

„Vico del Borgo", las ich. Wir waren angekommen. Mit klopfendem Herzen schritten wir die wenigen alten Häuser aus hellem Naturstein ab. Sie waren direkt hintereinander gebaut, die Terracottadächer gewölbt. Dann standen wir vor der gesuchten Hausnummer. Gila und ich blickten uns kurz an und ohne ein weiteres Wort legte sie ihren Finger auf den altertümlichen Klingelknopf.

***

Der Mann, der die Tür öffnete, war groß und beleibt. Er trug eine Arbeitshose, ein Unterhemd und wischte sich mit einer Serviette Tomatensoße vom Mund, bevor er etwas auf Italienisch sagte, das ich nicht verstand. Gila warf sich in Positur und fragte „Sophia?"

Der Mann beäugte uns kritisch, während er mit seiner schwieligen Hand das dunkle, leicht ergraute Haar nach hinten strich.

„Mia moglie non c'è", antwortete er langsam.

Gila übersetzte. „Sie ist nicht da."

„Quando ritorna?", radebrechte sie dann. „Wann kommt sie zurück?"

Der Mann antwortete wieder.

„Er fragt, wer wir sind und was wir wollen."

Ach du Schreck! Mir wurde heiß und kalt. Daran hatte ich nicht gedacht, nicht damit gerechnet, ausgerechnet Sophias Gatten gegenüberzustehen.

Was sollten wir sagen? Ich konnte mich schlecht als Freundin einer Frau ausgeben, die ich nicht im Geringsten kannte. Und dem vermutlich nichts ahnenden Ehemann die Wahrheit über seine Ziehtochter zu erzählen, kam wohl auch nicht infrage.

„Was soll ich denn jetzt sagen?", quetschte ich an Gila gewandt hervor, während ich Sophias Gatten unverdrossen anlächelte.

„Ich habe keine Ahnung", raunte sie mir zu und lächelte ebenfalls.

„E allora?" wollte unser Gegenüber wissen. Seine dunkelbraunen Augen huschten zwischen uns hin und her.

„Äh", stammelte ich.

Im Nachbarhaus öffnete sich ein Fenster, aus dem sich nun ein zweiter Mann beugte und etwas zu uns hinunter rief. Die beiden Italiener wechselten schnell ein paar Worte, woraufhin der Nachbar sich uns zuwandte.

„Icke sprecke Deutsch", verkündete er. „Wolfsburgo. Volkswagen. Zwanzicke Jahr!" Er nickte, wir nickten und alle miteinander lächelten wir um die Wette.

„Wir suchen Sophia", setzte ich erneut an. „Wissen Sie, wann sie wieder zuhause sein wird?"

Ich betete innerlich, dass der Kerl nicht auch noch fragte, was ich von ihr wollte.

„Sophia? Heute vacanze. Urlaub in Monaco. Mitte Tochter", informierte er uns. Dann folgte ein Stakkato an italienischen Worten, begleitet von heftigen Handbewegungen.

„Domani. Kommstu morgen fru." Er winkte noch einmal nach unten und knallte das Fenster zu.

„Grazie", sagte Gila höflich zu Sophias Ehemann, der seinerseits etwas Unverständliches brummte, bevor er die Tür schloss.

***

„Wir hätten vorher anrufen sollen", lautete Sieglindes Kommentar, als wir ihr vom Verlauf unserer Mission erzählten.

„Natürlich. Und am Telefon die ganze komplizierte Geschichte erklären? Glaub mir, das wird noch schwierig genug, wenn ich dieser Sophia erst gegenüberstehe."

Ich rührte konzentriert im Milchschaum meiner Latte macchiato herum.

„Wir suchen uns erst einmal ein Hotel und machen uns hier einen schönen Tag. Morgen versuchen wir es noch einmal." Gila schob ihre Sonnenbrille ins Haar und hackte gleich darauf hoch konzentriert auf ihrem Smartphone herum.

„Hier!", verkündete sie gleich darauf. *„Albergo Aurora*. Ein wunderschönes Hotel, direkt an der Promenade. Hat auch noch Zimmer frei. Ich kann sofort dort anrufen und für uns buchen." Sie lächelte entspannt in unsere kleine Runde.

„Brauchen wir nicht." Ein kleines, giftgrünes Lächeln kräuselte Sieglindes Lippen.

„Ach nein? Wohin möchtest *du* denn? Auf den Campingplatz? Oder in die Jugendherberge?" Gilas Augen funkelten.

„Oho. Die Jugendherberge wäre wohl eher dein Fall", fauchte die zurück. „Aber sei beruhigt, das Hotel ist schon in Ordnung. Schön und gepflegt, ganz uns angemessen", flötete Sieglinde und trank mit einer manierierten Geste einen Schluck Cappuccino. „Aber für die Buchung brauchen wir dein elektronisches Spielzeug nicht. Wir hätten es noch nicht einmal zur

Suche gebraucht. Also niemand mit gesundem Menschenverstand."

„Wie bitte?" Gila runzelte die Stirn und schaute Sieglinde an, als wolle sie ihr gleich an die Gurgel.

„Wir sitzen nämlich direkt davor!" Sieglinde neigte kurz den Kopf. Gila und ich blickten erstaunt an dem sandfarbenen Gebäude hinauf, das sich direkt neben der Espressobar befand.

„Albergo Aurora", murmelte ich, bevor ich kichern musste.

Gila blickte mich einen Moment lang finster an, dann zuckte sie die Schultern, als wolle sie sagen „Was soll's". Großherzig erhob sie sich von ihrem Stuhl. „Eins zu Null für dich, Sieglinde. Dann gehe ich jetzt da rein und buche drei Einzelzimmer für zwei Nächte. Für den Fall, dass es mit dieser Sophia morgen spät wird."

„Auf meine Rechnung!", rief ich ihr hinterher. Darüber hinaus war mir bereits schon wieder recht beklommen zumute.

***

Sieglindes Geschrei war bestimmt durch den ganzen Ort zu hören.

Sobald Gila den Kofferraum ihres Wagens geöffnet hatte, stellte sich heraus, dass Sieglindes Gepäck fehlte.

„Polizei! Diebstahl", rief sie entsetzt aus.

„Hallo! Geht es noch!" Gila stemmte verärgert ihre Fäuste in die Hüften. „Hier war kein Dieb am Werk. Mein Koffer ist noch da, und das ist ein Designermodell!"

Nach kurzem Nachdenken war uns klar, dass wir nicht bestohlen worden waren. Sondern dass Sieglinde ihren Koffer in Luisas Pension vergessen haben musste. Ein Umstand, der fast zu einem Nervenzusammenbruch bei der Armen führte. Sie war fest davon überzeugt, ihr Gepäck nie wiederzusehen. Noch während sie lamentierte, alle Italiener seien Gauner und hätten es auf Leib und Leben anderer Menschen abgesehen, hatte Gila bereits ihr Smartphone gezückt, die Hotelrechnung aus ihrer Tasche gekramt und bei Luisa angerufen.

„Der Koffer steht noch dort. Sie hatten ja keine Anschrift in Italien von uns. Luisa kann ihn morgen einem Bekannten mitgeben, der nach Alassio fährt, also sowieso durch Ceriale kommt. Er bringt ihn uns im Hotel vorbei."

Am Empfang war man auf Notfälle vorbereitet und hatte ein Erste-Hilfe-Tütchen mit Zahnbürste, Zahncreme, Duschgel und Seife parat. Aber was sollten wir mit Sieglindes Kleidung machen?

„Ich kann unmöglich bis morgen in meinen Reiseklamotten herumlaufen. Die müffeln ja jetzt schon und sind total verknittert!"

Nur, was tun? Meine Kleidung war Sieglinde zu weit und zu lang und Gilas Geschmack bekanntlicherweise nicht ihrer. So dauerte es eine ganze Weile, bis wir sie mit vereinten Kräften für den Abend eingekleidet hatten. Am Ende erkannte ich Sieglinde nicht wieder. Sie trug eine flaschengrüne Hose mit leichtem Schlag, die gottseidank am Saum lässig über ihre Gesundheitsschuhe fiel. Darüber eine locker schwingende Bluse in grün-schwarzem Paisleymuster. Weil der beige Blouson so was von überhaupt nicht dazu passte, lieh ich meiner Freundin noch ein schwarzes Schultertuch, falls es abkühlen sollte. Und zu allem Überfluss bestand Gila darauf, Sieglindes Bubischnitt mit einem schmalen schwarzen Seidentuch aufzupeppen.

„Ich sehe aus wie eine Schaufensterpuppe", quengelte die derart Aufgehübschte.

„Entweder verknittert und von der Fahrt verschwitzt oder frische Klamotten und zehn Jahre jünger", gab ich resolut zum Besten. Sieglinde blieb, wie sie von uns hergerichtet war.

***

Nachdem wir uns alle frisch gemacht hatten, beschlossen wir, den Ort zu erkunden. Nach einem Spaziergang die malerische Strandpromenade hinab und wieder hinauf war dann die Zeit für eine kleine Erfrischung gekommen. In einer Snackbar aßen wir Tramezzini und gönnten uns ein Glas Prosecco. Um uns herum flanierten gut gelaunte, entspannte Menschen. Ich ertappte mich dabei, ganz besonders auf Ehepaare in meiner Altersklasse zu achten. Die meisten gingen Hand in Hand, wirkten auf wunderbare Weise miteinander vertraut.

Dann betrachtete ich die jüngeren Frauen. Viele davon waren alleine unterwegs, selbstbewusst, sonnengebräunt und auf lässige Art chic gekleidet. Ob Giulietta auch so war? Ob sie ihrem Vater ähnelte? Sophias stämmiger, dunkelhaariger Ehemann war ein gänzlich anderer Typ als mein verstorbener Gerald. Eine junge Frau bediente uns. Sie trug einen blonden Pferdeschwanz und wirkte auf eine stille Art selbstbewusst.

„Sie erinnert mich an dich als junge Frau", sagte ich zu Gila, die der Bedienung ebenfalls mit den Augen gefolgt war.

„Ich hätte durchaus eine erwachsene Tochter haben können", entfuhr es meiner Freundin.

Sieglinde und ich schauten sie fragend an.

„Was meinst du damit? Du wolltest doch nie Kinder haben?", wollte ich wissen.

„Na ja", Gila spielte mit ihrer Serviette. „Als ganz junge Frau war ich einmal schwanger. Der Kindsvater war allerdings anderweitig verheiratet und hat mich auf eine drängende Art davon überzeugt, dass ein Kind keine gute Idee wäre."

„Du hast abgetrieben?" Sieglindes Augen wurden rund vor Schreck.

„Dazu habe ich mich breitschlagen lassen. Ja. Damals war das noch ein Akt. Wir mussten nach Holland fahren. Mein Geliebter hat zwar versucht, mir mit den zwei Tagen Urlaub, die er offiziell als Geschäftsreise getarnt dranhängte, noch etwas Gutes zu tun. Dennoch war alles einfach schrecklich. Mir ging es nicht gut, mental und körperlich. Das Ganze hat mich damals arg strapaziert."

„Würdest du dich denn besser fühlen, wenn du ein Kind hättest?", fragte ich.

„Das weiß ich nicht. Ich weiß nur, dass ich mich besser fühlen würde, wenn ich das damals selbst entschieden hätte. Es hängt mir nach, dass ich etwas so Wesentliches jemand anderem überlassen habe."

„Jetzt ist mir klar, warum du dir danach nie wieder in irgendetwas hineinreden hast lassen!", stellte ich fest.

„Die jungen Männer, die sie auf ihrem Radar hat, haben vielleicht ungeahnte Qualitäten. Aber sie sind ja wohl auch nicht besonders gut geeignet zur Familienplanung", warf Sieglinde süffisant ein.

„Sieglinde!", ich drehte mich bestürzt zu meiner Freundin um. Was war nur in sie gefahren? *So spitzzüngig kannte ich sie gar nicht.*

Gilas Augen zogen sich zu kleinen Schlitzen zusammen. „Ich habe nichts gegen attraktive Männer, wenn du das meinst. Man wird ja wohl noch träumen dürfen. Und manchmal auch mehr", sagte sie an Sieglindes Adresse.

„Also ich kenne das durchaus, dass ich mir beim Anblick eines jüngeren Kerls wünsche, mal kurzfristig wieder zwanzig, dreißig Jahre jünger zu sein", hörte ich mich plötzlich schwärmen. Irgendetwas hatte Gilas Bemerkung zu dem Thema vom Vorabend in mir bewirkt.

„Du meinst, so wie bei Ryan Gosling?" Gila schnalzte ganz dezent und auf elegante Art unanständig mit der Zunge.

„Ach, ich dachte eher an Florian David Fitz, den finde ich sexy und süß", entgegnete ich kichernd und spürte doch tatsächlich, wie ich rot anlief. Wir steckten die Köpfe zusammen, gackerten über knackige Hintern, sanfte Augen und attraktiv muskulöse Oberkörper. Für ein paar Minuten waren wir im Geiste wieder zwanzig, unternehmungslustig und die Welt, inklusive aller Männer, lag uns zu Füßen. Bis eine echte Zwanzigjährige an uns vorbeiging und uns mit ihrer Pfirsichhaut, dem vollen, sanft schwingenden Haar und der Unbekümmertheit der echten Jugend im zerstreuten Blick wieder auf den Boden der Tatsachen zurückholte.

„Und du, Sieglinde?", meinte Gila, mit deutlich abgekühltem Übermut.

Die Angesprochene zuckte mit den Schultern.

„So junges Gemüse ist nichts für mich", bequemte sie sich dann zu sagen, bevor sie ihre Handtasche öffnete und darin herumwühlte. Zutage förderte sie eines der bunten Blätter, die immer in Wartezimmern herumlagen und die angeblich sonst kein Mensch las, außer Sieglinde natürlich. Sie stand jedenfalls zu ihrem etwas fragwürdigen Geschmack. Das Heft war, wie hätte es auch anders sein können, beim Wochenhoroskop aufgeschlagen. Jetzt klappte sie es zu und hielt das Titelblatt hoch.

„Der würde mir gefallen. Den höre ich auch so gern", verkündete sie. Mir verschlug es eine Sekunde lang den Atem.

„Mpf", machte Gila und lachte dumpf auf.

„O nein", stöhnte ich. War das tatsächlich das Konterfei des Tätschlers Roman Fischer, das meine Freundin Sieglinde da so anstrahlte? Der Mann war nicht nur stark geschminkt, sondern auch gephotoshopt, was das Zeug hielt. Sieglinde kannte die schreckliche Wahrheit ja nicht, das hielt ich ihr zugute. Wer den Sänger einmal in natura gesehen hatte, konnte an gewissen Tatsachen eben nicht vorbeiblicken. Im Hintergrund des Fotos schaukelte ein weißes Schiff auf blauen Meereswellen.

„Roman Fischer – ein Schlagerstar auf hoher See", lautete die Schlagzeile daneben.

„Der hatte doch im Frühjahr einen Auftritt in der Stadthalle."

Sieglinde lächelte wissend. O Gott, war sie etwa dort gewesen?

„Es gab leider keine Karten mehr", flüsterte sie bedauernd. Ich kämpfte kurz mit mir. Sollte ich Sieglinde erzählen, was mir mit ihrem Schwarm widerfahren war?

Lieber nicht, es gab ja gar keinen Grund, ihre kleine Schwärmerei zu torpedieren. Solange der Kerl uns vom Leib blieb!

„Seine Schlager lassen mich immer sehr beschwingt werden", gab sie jetzt auch noch zum Besten.

Vielleicht waren wir an einer Stelle ein wenig zu laut gewesen und an einer anderen zu leise. Denn genau in diesem Moment trat ein hagerer Mann in einem zerknitterten grauen Anzug an unseren Tisch, der gut und gerne als Relikt der 68er hätte durchgehen können.

„Höre ich da Schlagermusik?", rief er mit einem breiten Grinsen aus. „Da muss ich doch gleich mal einhaken. Gestatten, Anton Schönhuber." Damit zog er einen Stuhl heran und ließ sich ungefragt bei uns nieder.

***

Anton Schönhuber trug sein gänzlich ergrautes Haar lang und natürlich. Man hätte auch sagen können, er habe vielleicht den Sinn von regelmäßigen Haarwäschen noch nicht verstanden. Auf seinem schmalen Gesicht wuchs ein Dreitagebart, die graublauen Augen lächelten listig durch eine schmale Brille mit Metallrahmen.

„Die Damen sind noch nicht lange hier?" Er hatte sofort unseren ungebräunten Zustand und die Tatsache, dass neben meinem Teller ein kleiner Faltplan von Ceriale lag, miteinander in Verbindung gebracht.

„Dann darf ich mich Ihnen als Fremdenführer vorstellen. Ich lebe nun schon seit dreißig Jahren an diesem schönen Fleckchen Erde."

„Danke. Wir sind nur auf der Durchreise", parierte Gila elegant und leerte mit Schwung ihr Proseccoglas.

Ich fragte mich im Stillen, was Schönhuber hier machte. Solche Typen waren doch irgendwann einmal in Indien hängengeblieben. Oder in Südamerika. Aber doch nicht in einem netten, harmlosen italienischen Badeort.

Das Rätsel löste sich, als der grauhaarige Zausel uns erzählte, eine verflossene Liebe – „sie war schön, sie war temperamentvoll und sie hat mich sooo geliebt" – sei früh verstorben und habe ihm ein kleines Haus am Ort vermacht. Da sei er damals, nach 30 Semestern Politologie, ohne Abschluss vermutlich, eben hiergeblieben.

Ein Lebenskünstler also, ohne inneren Drang zu arbeiten.

„Ich kenne jeden und alles hier am Ort", verkündete er und warf einen begehrlichen Blick auf unsere Gläser. Erhoffte er sich etwa eine Einladung? Darauf konnte er lange warten. Gila schien amüsiert über unseren ungebetenen Gast, Sieglindes verkniffener Mund sprach Bände und ich fragte mich still, was er eigentlich von uns wollte.

„Sie brauchen also niemanden, der Sie ein bisschen herumführt? Ihnen alles zeigt?"

Wir schüttelten synchron die Köpfe.

Er seufzte und warf seine ergraute Mähne nach hinten, um sie mit einem Gummiring zum Pferdeschwanz zu wursteln. Die neue Frisur machte ihn nicht attraktiver.

„Aber vielleicht haben Sie heute Abend Lust, etwas zu feiern? Mit Musik? Es gibt hier eine wunderschöne Jacht, auf der man sehr gut essen und anschließend tanzen kann. Auf den Wellen der Riviera schaukelnd, unter den Sternen Italiens ..." Sein Lächeln entblößte eine Reihe von gräulich verfärbten Zähnen. Er schob uns drei bunte Flyer zu, auf einer Ecke stand handschriftlich sein Name.

„Sagen Sie, Sie kämen von mir. Dann bekommen Sie eine Ermäßigung auf den Eintrittspreis."

Erst, als wir zusagten, diese Abendgestaltung in Erwägung zu ziehen, erhob sich unser Späthippie und zog davon, vermutlich auf der Suche nach weiteren neu angekommenen Touristen, denen er etwas ab- oder aufschwatzen konnte.

„Ein Schlepper. Bekommt wohl für jeden Gast, den er zu dem Fest lotst, ein paar Euro", stellte Gila mit Kennerblick auf den Flyer fest.

„Wenn uns nichts anderes einfällt, können wir es ja versuchen", meinte ich.

***

Als Gila mit großzügiger Geste die Kellnerin heranwinkte, um zu zahlen, kramte ich in meiner Handtasche nach meinem Lippenstift. Egal, wie schwer die Zeiten auch sein mochten, auf meinen Lippenstift konnte ich nicht verzichten. Ich hob den Taschenspiegel, fuhr mir mit „Silly Red" über die Lippen und fluchte gleich darauf undamenhaft.

„Das ist die Hitze", klärte mich Sieglinde auf, und griff mit einer winzigen Papierserviette nach dem abgebrochenen, klebrigen Teil auf dem Tisch. Der Stift war nicht mehr zu gebrauchen. Wie gut, dass in Sichtweite eine kleine Parfümerie lag.

„Geht ihr schon mal ins Hotel zurück, ich werde mir nur schnell einen neuen Lippenstift kaufen", bat ich meine Freundinnen.

Wenige Augenblicke später betrat ich das kleine, durch eine Klimaanlage perfekt temperierte Geschäft. Ein Tempel der Düfte und Schönheit versprechenden Elixiere und Cremes. Die Inhaberin der Parfümerie war in ein lautstarkes Gespräch mit einer Kundin vertieft. Sie nickte mir kurz lächelnd zu und bedeutete mir, mich ruhig einmal umzusehen, bis sie zu mir käme. Entspannt schlenderte ich an den Regalen entlang, auf denen sich fantasievoll gestaltete Parfümflakons aneinanderreihten. Wann hatte ich mir das letzte Mal einen neuen Duft gegönnt? Es fiel mir nicht ein. Mein Kölnisch Wasser hatte ich jahrelang aus alter Gewohnheit aufgetragen. Das Chanel No 5, das mir Gerald mal geschenkt hatte, war irgendwann schal geworden, weil ich es für „besondere Gelegenheiten" aufhob, die nie kamen. Jetzt auf einmal bekam ich Lust auf etwas Neues, Besonderes. Ich griff nach einem hohen, wunderschön geschliffenen dunklen Flakon, dem ein opulenter orientalischer Duft entstieg. Eindeutig zu schwer für meinen Geschmack und die

Jahreszeit. Aus dem kleinen Fläschchen daneben streichelten Pfirsich, Mandel und Vanille meine Nase, aus orangefarbenem Glas betörte ein Rosenbukett. Schließlich griff ich nach einem schlanken, in sich gedrehten Flakon. Ich erkannte Jasmin und Grapefruit, eine Komposition, die mir gut zu diesem Fleckchen Erde passen schien.

Anschließend ging es zu den großen Displays hinüber, in denen dekorative Kosmetikartikel präsentiert wurden. Lippenstifte in Hülle und Fülle! Ich nahm den einen oder anderen Tester heraus, strich ein wenig Rot auf meinen Handrücken und folgte mit einem Auge und halbem Ohr der Unterhaltung der beiden Frauen ein paar Meter weiter.

„Abbronzatura", verstand ich, „bellissima" und „naturale". Was das bedeutete erfuhr ich, als die Ladenbesitzerin jetzt eine Tube mit einer Creme präsentierte, die, soweit reichte mein Verständnis aus, eine schöne und natürlich aussehende Bräune versprach. Unglücklicherweise fiel mein Blick genau in diesem Moment in einen recht grell ausgeleuchteten Spiegel und ich erschrak heftig. War ich dieses blasse, ja fast zombiehafte Wesen, das mir da entgegenblickte? Verstohlen besah ich auch meine Arme und Beine. Käseweiß. Und das inmitten all dieser eleganten, schön gebräunten Menschen hier.

Vorsichtig pirschte ich mich näher an die beiden Frauen heran. Gerade zeigte die Besitzerin auf ihren schlanken, mit viel Goldschmuck behängten Arm, der in einem makellosen Karamell schimmerte. Das Ergebnis, so viel wurde beim Zusehen klar, eben dieser Creme. Die Kundin nickte begeistert und trabte brav zur Kasse. Nachdem sie das Geschäft verlassen hatte, bedeutete ich der Inhaberin, dass auch ich so braune Arme haben wollte, wie sie. Begeistert reichte sie mir eine Schachtel mit dem Selbstbräuner, versicherte mir mehrfach, wortreich und für mich mit sehr viel Fantasie verständlich, wie wunderbar dieses Produkt doch sei.

Als ich, durch meine Erfahrung im Friseursalon immer noch traumatisiert, nach möglichen allergischen Reaktionen fragte, schüttelte mein Gegenüber vehement den Kopf und rief „No, no, Signora!" Danach riet sie mir zu einem Lippenstift, der einen Tick strahlender, ein wenig röter und ganz bestimmt auch glänzender war, als mein bisheriger.

Er passe besser zu meinem in Bälde karamellfarbenen Teint, versicherte mir die Frau, deren eigenes Styling so dermaßen elegant und perfekt war, dass ich ihr einfach alles glauben musste. Und aus genau diesem Grund kaufte ich ohne weiteres Nachdenken auch noch das sündhaft teure Parfüm, das hier *profumo* hieß und, so wurde mir versichert, ein italienisches Produkt sei, ganz natürlich und damit natürlich auch viel besser als dieser ganze französische Kram. An Selbstbewusstsein hatte es den Italienern ja bekanntlich noch nie gemangelt. Zum Schluss packte sie mir noch ein Probetübchen Lidschattencreme ein und steckte alles in eine kleine, silberfarbene Papiertasche. Beschwingt von meinen kosmetischen Lustkäufen trabte ich ins Hotel zurück.

07

Als ich an diesem Spätnachmittag splitterfasernackt aus der Dusche meines Hotelzimmers trat, konnte ich gar nicht anders, als mich von oben bis unten in dem Ganzkörperspiegel zu betrachten, denn der hing genau gegenüber der Duschkabine. Im ersten Moment wollte ich, wie üblich, nach einem schnellen und unscharfen Seitenblick zum Bett hinüberhasten, auf dem ich bereits meine Garderobe für den Abend bereitgelegt hatte. Doch etwas ließ mich zögern. Zu Hause sah ich nie so genau hin, wer stellte sich denn auch täglich nackt vor den Spiegel? Hier jedoch hielt ich inne.

Für mein Alter sehe ich eigentlich ganz gut aus.
Halt! Streich die Hälfte des Satzes.
Ich sehe ganz gut aus.

Nach dieser kurzen innerlichen Psychohygieneübung musste ich grinsen. Aber es stimmte. Was ich im Spiegel sah, stimmte nicht mit meinem gefühlten Selbstbild überein. Ich war gar keine graue Maus. Eine reife Frau, ja. Aber immer noch ansehnlich. Meine Hand strich über die sanfte Rundung unter dem Bauchnabel, die sich seit Jahren hartnäckig allen Sit-ups und Frühlingsdiäten widersetzte. Ich seufzte. Aber sonst?

Mein Blick glitt von unten nach oben.

Beine absolut in Ordnung, schlank und fest. Das kommt vom Schwimmen und Radfahren.
Hüften breiter als optimal.
Taille etwas aus der Form, aber erkennbar.
Busen nicht mehr ganz fest, aber appetitlich.

Mein Lieblingskörperteil waren meine Schultern, die ich auch jetzt liebevoll betrachtete. Kritisch hingegen griff ich an den Hals, da wäre es mal angebracht eine wirkstoffhaltigere Creme zu benutzen. Im Gesicht hielten sich die Falten gottlob zurück, nur um die Augen und über der Oberlippe kräuselte es sich. Mein Haar wäre ohne Reginas Zauberkünste sicherlich wesentlich grauer, nun schwang es locker und glänzend in einer Mischung aus mehreren Blondtönen bis zum Kinn.

Was wollen wir eigentlich? Bis in alle Ewigkeit wie 20 aussehen?

Natürlich nicht, meldete sich der gesunde Frauenverstand.

Aber hallo, gerne, widersprach die kleine Femme fatale in mir.

Gerald hatte mich stets als attraktiv bezeichnet, aber im Moment wusste ich gar nicht mehr, ob mir das noch ein Trost war, nach allem, was sich ereignet hatte. Mit unguten Gefühlen dachte ich an unser eheliches Sexleben zurück. Es war, um es gelinde auszudrücken, die letzten Jahre etwas verschlafen gewesen. In den Wechseljahren hatte es mir an Lust gefehlt, danach hatten wir uns irgendwie in diesem Zustand eingerichtet. Wenn wir miteinander schliefen, dann taten wir das ab diesem Zeitpunkt sowieso auf eine routinierte, gut eingespielte Art. Aufregendes oder gar Schlüpfriges gab es dabei nicht. Hatte Gerald aus diesem Grund eine Escortdame gebucht? Hatte er bei ihr gesucht, was er bei mir nicht mehr fand?

Es war müßig, darüber nachzudenken. Besser, ich konzentrierte mich jetzt auf mich. Erwartungsvoll öffnete ich die Schachtel mit der Sonnenbräune. Entfaltete die Gebrauchsanleitung und stellte fest, dass sie in 27 Sprachen, vermutlich sogar auf Nordkoreanisch, aufgedruckt war. Jedoch in keiner einzigen auch nur annähernd so groß, dass ich es ohne Lupe hätte lesen können.

Natürlich reichte auch meine Lesebrille nicht aus. Aber was konnte man denn mit so einer Creme verkehrt machen? Da ich schnelle Ergebnisse schätze, trug ich sie großzügig auf, zuerst auf Gesicht, Hals und Dekolleté, es folgten Arme und Beine.

Danach lief ich eine Weile nackt herum, denn mir war klar, dass das Zeug erst einmal einziehen musste. Währenddessen trug ich Wimperntusche und meinen neuen Lippenstift auf und sprühte mich mit meinem italienischen Parfüm ein. Nicht schlecht! Ich griff nach meiner Unterwäsche und im selben Moment schoss mir durch den Kopf, dass sie genau zu meinem Sexleben der letzten Jahre passte. Weiße Baumwolle, bequem, ohne Überraschungen, pflegeleicht. Mit diesen gemischten Gefühlen im Kopf zog ich mich an.

Für den Abend hatte ich ein leichtes Sommerkleid gewählt, weiß, mit großen, roten Mohnblumen drauf. Aus einer Eingebung heraus band ich mir noch einen passenden, roten Seidenschal ins Haar. So, wie ich mir jetzt aus dem Spiegel entgegenblickte, sah ich schon richtig rivieramäßig aus!

Bevor ich in die Halle hinunterging, wo ich mich mit Gila und Sieglinde treffen würde, wollte ich mich noch ganz alleine auf diesen Abend einstimmen. Ich trat auf den Balkon hinaus. Vor mir lag das tiefblaue Meer unter einem Himmel, dessen Farbe sich bereits veränderte, das helle luftige Blau wich einem dunkleren, weicheren Ton. Eine weiße Jacht schaukelte in der sanften Brise des Abendwinds, bunte Lichter brannten an Bord. Sie schienen mir zuzuwinken, mich zu etwas aufzufordern. Tief atmete ich die sonnentrunkene Luft ein, beobachtete die Menschen, die unter mir die palmengesäumte Promenade entlangschlenderten. Unwillkürlich musste ich an zurückliegende Urlaube denken. Wegen meiner nicht zu überwindenden Flugangst waren Gerald und ich meistens mit dem Auto in Urlaub gefahren. Häufig auch nach Italien, an die Adria. Nie hierher, an die ligurische Riviera. Was, im Nachhinein betrachtet, natürlich Sinn machte. Was seine Tochter wohl für ein Mensch war? Ob sie ihm nachkam, in irgendeiner Weise? Jetzt jedoch schob ich den Gedanken an Giulietta energisch weg. So unerfreulich der eigentliche Anlass meines Aufenthalts hier auch sein mochte, in diesem Moment bekam ich einfach Lust, die Augen vor den schönen Augenblicken, die es ja dennoch gab, nicht zu verschließen.

***

„Du willst wirklich dahin, auf dieses Partyschiff? Na gut!" Gila zuckte mit dem ihr eigenen Pragmatismus die Schultern. Gottseidank wehrte auch Sieglinde sich nicht gegen meinen Vorschlag, sie wirkte so unternehmungslustig, als habe ihr Horoskop ihr etwas ganz besonders Schönes versprochen.

So kam es, dass wir uns eine Viertelstunde später auf dem Deck einer so genannten „Partyjacht" wiederfanden. Ein Schiff, mit dem wir über das

Ligurische Meer schippern und dabei essen, trinken, tanzen konnten. Wir hatten uns keine Minute zu früh entschieden, kaum hatten wir unsere Plätze an einem der runden Tische eingenommen, stachen wir auch schon in See. Es roch nach Salzwasser und Sommer, kreischende Möwen begleiteten uns ein Stück, sanfte Musik erklang aus den Lautsprechern, über uns färbte sich die Sonne bereits rosa, während sie zum Horizont sank.

„Das ist ja hochromantisch", meinte Sieglinde. Ich konnte nur hoffen, dass sie ihr buntes Blatt inzwischen entsorgt hatte und jetzt nicht an Roman Fischer dachte. Aber nein, sie schien sich bereits anderweitig zu orientieren und erwiderte schamhaft zurückhaltend den Gruß, den ein weißhaariger Herr vom Nebentisch ihr mit erhobenem Weinglas zusandte. Ich kniff ein wenig die Augen zusammen. Ja, tatsächlich, er trug haargenau denselben beigen Blouson, den ich auch schon an Sieglinde gesehen hatte.

Gila indessen verschwand fast komplett hinter ihrer aufgeklappten Speisekarte.

„Bloß nicht aufblicken", raunte sie mir zu. „Der Pferdeschwanzzausel ist auch hier."

Da hatte ich Anton Schönhuber ebenfalls entdeckt und zog schnell den Kopf ein. Doch der Späthippie hatte keine Augen für uns. Sie klebten heute Abend an einer Dame mit reichlich viel Glitzer um Hals und Arme. Sie schien alleine zu reisen und war sicherlich ein viel lohnenderes Ziel als wir drei. Inzwischen hatte eine kleine Combo aus Herren in schwarzen Hosen und weißen Blazern auf dem Podium Platz genommen und begonnen, Tanzmusik zu spielen.

Tatsächlich waren Schönhuber und die Unbekannte das erste Paar, das nach dem Essen auf die Tanzfläche schwebte. Sie legten eine so geschmeidige Rumba aufs Parkett, dass ich dem Lebenskünstler insgeheim Respekt zollen musste.

„Tanzen kann er", grinste ich zu Gila hinüber.

Der Schock des Abends ereilte mich kurze Zeit später. Noch tappte ich mit den Fußspitzen *Perfidia* mit und dachte dabei an die hochromantische Szene mit Ingrid Bergman und Humphrey Bogart in *Casablanca*, da stoppte der Moderator mit einer schwungvollen Geste die Musiker und kündigte in einer Mischung aus Italienisch, Englisch und Deutsch den Überraschungsgast des heutigen Abends an. Gila hob die Hand an den Mund und gähnte dezent. Sieglinde nippte an ihrem Mineralwasser.

Sekunden später ruckten unsere Köpfe nach oben als wir den Namen hörten und sahen, wer die Bühne betrat. Fassungslos starrte ich auf Roman Fischer. Gila gluckste vor ungläubigem Staunen. Auf Sieglindes Gesicht machte sich ein beseeltes Lächeln breit.

„Sehr geehrte Damen und Herren, liebe Freunde, Fans und solche, die es werden wollen", begrüßte uns der Schlagersänger mit so viel Schmalz in der Stimme, dass mein Cholesterinspiegel von ganz alleine nach oben schoss. Anschließend erfuhren wir, dass er Teil des Unterhaltungsprogramms auf einem Kreuzfahrtschiff sei, aber zufälliger- und glücklicherweise heute Abend Zeit gefunden habe, uns, sein liebes deutsches Publikum, hier zu erfreuen. Ich für meinen Teil konnte mir nichts Schrecklicheres vorstellen. Allzu gegenwärtig war mir meine Begegnung mit dem cognacseligen Sänger noch.

„Oh", machte jedoch Sieglinde entzückt und erhob sich, um näher zur Bühne zu gehen. Sie hatte dabei die Hände vor der Brust gefaltet. Es tat weh, sie so zu sehen. Nichtsahnend und diesen Schmachtfetzensänger anhimmelnd.

„Dieses Ekelpaket hat mir gerade noch gefehlt", knurrte ich dennoch erst, als sie außer Hörweite war.

„Der Kerl ist abgeschmackt und singt vergessenswerte Schnulzen, aber sooo schlimm ist er doch nun auch wieder nicht. Ich jedenfalls mag Schlager durchaus gerne. Wenn auch nicht seine", bemerkte Gila. Sie hielt den Auftritt des beinahe schon gestrigen Sängers wohl eher nur für skurril.

Einen Moment rang ich mit mir, ob ich ihr von dem Erlebnis mit Fischer erzählen sollte. Ich tat es. Inklusive Toupet und den Worten, die er mir hinterhergerufen hatte.

„Das ist ja ekelhaft!", verkündete Gila, als ich am Ende meiner Erzählung angekommen war.

„Ekelhaft. Genau. Die Situation war schon schlimm genug. Aber das, was er mir hinterherrief, das hat mich ebenfalls beschäftigt. Wie kommt ein so derangierter Mann dazu, eine Frau, die ihn abweist mit einem Hinweis auf ihr Alter, beleidigen zu wollen? Als wäre er selbst, trotz seiner charakterlichen und optischen Defizite, ein Gottesgeschenk an jede Frau. Als wären wir Frauen andererseits ab dem Klimakterium automatisch nicht mehr begehrenswert."

„Liebe Hanni, genau das hast du selbst erst gestern Abend verkündet. Schon vergessen?"

Ich schnaubte kurz auf.

„Sooo war das nicht gemeint."

Entsetzt verfolgten wir nun beide, wie sich Sieglinde immer weiter durch den Pulk der Bewunderer schob. Sie hatte sich inzwischen dicht an die Bühne herangepirscht. Die Hände immer noch wie zum Gebet zusammengelegt verfolgte sie fasziniert die Darbietung ihres Schwarms.

„Erzähl ihr, was du mir erzählt hast", forderte Gila. „Damit sie aufhört, ihn mit solchen Kuhaugen anzusehen."

Der Sänger schien auf jeden Fall geschmeichelt ob der vielfältigen Bewunderung, die ihm entgegenschlug und verausgabte sich auf der Bühne auf eine Weise, die ich lächerlich fand. Nicht nur, dass er ständig seine eigene Darbietung unterbrach, um ein paar Worte an sein Publikum zu richten („alles so schön hier heute Abend", „Sie, meine lieben Fans, sind mir das Wichtigste auf der Welt"). Er schäkerte auch noch mit allen Frauen, die dicht vor der Bühne standen. Jedes Mal, wenn er eine seiner Bewunderinnen ansah, kniff er ein Auge zusammen. Dazu breitete er die Arme aus, als wolle er sie alle an sich ziehen. Igittigitt!

Sieglinde stand ganz nah bei ihm und ich musste mit ansehen, wie er seinen Schlagerschwachsinn mehrfach direkt in ihre Richtung säuselte, untermalt von schmachtenden Blicken und Gesten. Mir wurde leicht unwohl bei dem Anblick. Würde Fischer Sieglinde im Anschluss an seine Darbietung in einen dunklen Winkel locken und dort über sie herfallen? Was würde geschehen, hielte sie erst sein Toupet in Händen?

„Ich muss sie warnen, bevor es zu spät ist", knurrte ich und erhob mich, um nach vorne zu gehen. Keine Sekunde zu früh. Gerade waren die letzten Töne der Melodie von *Ohne dich kann es kein morgen für mich geben* verklungen, da hüpfte Sieglinde bereits auf Fischer zu. Sie war nicht die Einzige. Ein Teil des deutschen Publikums gehörte wohl ebenfalls zur Fanbase des Sängers, auf jeden Fall befanden sich auf einmal recht viele Menschen, die eben noch klatschend auf ihren Stühlen gesessen hatten, unterwegs zur Bühne. Jemand schubste mich dabei so heftig, dass ich gegen einen Fremden gestoßen wurde.

„Entschuldigung", murmelte ich, als ich mich wieder gefangen und umgedreht hatte.

„Keine Ursache", antwortete eine sonore Männerstimme auf Deutsch mit italienischem Akzent. Die weckte trotz des Tohuwabohus um mich herum für einen Moment Fantasien von großen, dunkelhaarigen Männern, wie man sie aus italienischen Filmen kennt. Tatsächlich war der Sprecher fast einen Kopf größer als ich und ich registrierte einen weißen Anzug, einen ebensolchen Sommerhut, eine dunkle Sonnenbrille und einen leichten Pinienduft, bevor ich mich besann und meinen Weg in Richtung Bühne fortsetzte.

„Sieglinde!", schrie ich über die Köpfe des kleinen Pulks hinweg, der sich vor der Bühne gebildet hatte. Servietten und Zeitschriften wurden Roman Fischer gereicht, auf dass er sich darauf mit seinem Autogramm verewigen konnte. Meine Stimme trug einfach nicht so weit, sie hörte mich nicht.

„Lassen Sie die Finger von meiner Begleiterin!"

Alle fuhren erschrocken herum, als plötzlich jemand hinter mir diese Worte brüllte. Schönhuber war's. So hatte ich den Mann noch nie gesehen. Hochrot im Gesicht, zeigte er mit dem Finger auf den Sänger. Jetzt erst sah ich, wer auf der anderen Seite neben ihm stand und ihn nicht weniger anschmachtete als Sieglinde. Es war die schmuckbehängte Rumbatänzerin. Sie hielt ihm ihren Unterarm hin, den Fischer gerade mit einem Filzstift beschriftete. Das Herz, das er neben seinen Namen gezeichnet hatte, konnte ich sogar aus dieser Entfernung sehen. Wutschnaubend hatte sich Schönhuber inzwischen ganz nach vorne und zwischen den Schlagersänger und die Frau gedrängt, deren Arm er nun an sich riss. Die Frau blickte erschrocken auf und sah ihren Galan mit großen Augen an. Roman Fischer reagierte mit Unverständnis. „Wohl verrückt geworden!", hörte ich ihn schreien.

„Ich schmiere dir gleich eine, du billiger Schlagerfuzzi", schrie Schönhuber zurück.

Die Frau kreischte erschrocken auf und presste eine Faust vor den Mund. Jetzt gab ein Wort das andere, die beiden bewegten sich in immer bedrohlicherer Weise aufeinander zu. Auf einmal kam dazu noch Bewegung in die Menge vor mir und ehe ich es mich versah, wurde geschubst, geschimpft und der schönste Streit um die besten Plätze zum Zusehen war im Gange. Sieglinde stand stocksteif vor der Bühne. Sie hielt ihr buntes Blatt, vermutlich das mit dem Konterfei des Sängers und inzwischen wohl auch seinem Autogramm versehen, an die Brust gedrückt. Auf einmal verschob sich der Pulk, und der Weg zu ihr war für einen Moment frei. Mit wenigen Schritten war ich bei meiner

Freundin und zog sie hinter mir her, aus dem Tumult heraus, während Schönhuber das auf der anderen Seite mit seiner Begleiterin ebenfalls tat. Fischer blickte empört um sich. Sein Blick landete auf mir.

„Ah, Sie sind das! Die Verklemmte von neulich!" Er hatte mich erkannt, zeigte mit dem Finger auf mich. Sein Teint hatte eine ungesunde rote Farbe angenommen, das Toupet schien leicht verrutscht.

„Ihr kennt euch?" Sieglindes Gesicht war ein einziges Fragezeichen.

„Rein beruflich."

„Prüde Schnepfe", zischte Fischer. „Gottlob bin ich auf solche wie dich, oder diese schmuckbehängte Tanzmaus, nicht angewiesen."

Schönhuber hatte einen Moment lang ganz vergessen, was er eigentlich wollte. Nun durchlief ihn ein Zittern, er schüttelte den Kopf und lachte gehässig. „Sie Kasper haben wohl einfach nicht genug Klasse für diese Frauen. Jedenfalls nicht für meine hier. Adieu!" Nun hatte er seine Freundin fest im Griff und schob sie weg von der Bühne. Die Menge quittierte das Gesagte mit lauten „Aah" und „Ooh". Einige hielten ihre Handys hoch, um die Auseinandersetzung zu filmen. Da konnte man wirklich nur den Kopf schütteln.

Fischer hingegen schnappte nach Luft und schnaubte wie ein gereizter Stier. Es war ihm anzusehen, dass er Schönhubers Worte nicht auf sich sitzen lassen wollte. Ab dem Moment ging dann auch alles ganz schnell. Der Sänger rannte hinter Schönhuber her und verpasste ihm einen Schlag gegen die Schulter. Schönhuber drehte sich um und holte aus, um dem Sänger eine zu verpassen. Der wich aus und geriet ins Taumeln.

Schönhuber setzte nach und sogleich gingen die Kontrahenten mit Fäusten aufeinander los.

„Witwentätschler", schrie Fischer.

„Lustmolch", konterte Schönhuber.

Sieglinde jammerte leise mit. Ich hielt sie ganz fest, damit sie nicht womöglich etwas Unüberlegtes tat.

Bevor es bei den beiden Streithähnen zu ernsthaften Verletzungen kam, gingen jetzt zwei Schiffsangestellte dazwischen und versuchten, die Männer auseinanderzubringen. Während Schönhuber sich fast widerstandslos wegzerren ließ, sträubte Fischer sich vehement dagegen, in Sicherheit gebracht zu werden. In Verkennung der Situation, verpasste er einem Unbeteiligten einen Kinnhaken und schlug dazu auch noch mit einem Bein aus. Bedauerlicherweise traf er dabei die bislang völlig unbeteiligte Gila, die wiederum einem Reflex gehorchend zurückschlug.

Weil der Schiffsangestellte den rabiaten Sänger just in diesem Moment losgelassen hatte, taumelte der rückwärts an die Reling. Womöglich hatte er auch ein paar Cognäcchen zu viel getrunken. Auf jeden Fall stolperte er über seine eigenen Füße, verlor das Gleichgewicht und ging über Bord. Ein kollektiver Schrei ertönte, alles stürmte zum Ort des Geschehens, einschließlich Sieglinde. Auch Gila war sogleich an meiner Seite und zog mich mit sich. „Schau, was da schwimmt", kiekste sie.

„Ein Tier?"

Nein, es war Fischers Toupet, das sanft auf den Wellen schaukelte.

08

Eine halbe Stunde später war wieder Ruhe eingekehrt. Fischer hatte man aus dem Wasser gezogen und mit einem Schnellboot an Land gebracht. Der eben noch so streitsüchtige Schönhuber schien beruhigt und widmete sich wieder seiner Begleiterin. Die Combo spielte italienische Schnulzen wie *Marina, Marina* und *Ciao, ciao Bambina*, was den meisten Reisenden zu gefallen schien. Die Tanzfläche war bereits wieder proppenvoll.

Zu meiner großen Überraschung erhob sich nach einiger Zeit auch Sieglinde. Sie wusste inzwischen alles über mein verunglücktes Interview mit dem Schlagersänger, war gebührend empört und versicherte, fortan kein einziges Lied von ihm mehr hören zu wollen. Stattdessen folgte sie mit hochroten Wagen der mit einem höflichen Diener vorgebrachten Aufforderung des Weißhaarigen vom Nebentisch.

„Na, deine Freundin ist heute Abend ja ganz schön unternehmungslustig", kommentierte Gila das Geschehen, bevor auch sie am Arm eines gutaussehenden Unbekannten im Gewühl auf der Tanzfläche verschwand.

Allein am Tisch kam ich mir so vor wie manchmal als Teenager in der Tanzstunde. Uns hatten immer ein oder zwei Herren gefehlt, sodass jede von uns innerlich gebetet hatte, sie möge nicht sitzenbleiben. Denn dann hatten wir Mädels miteinander tanzen gemusst, oder, was noch viel schlimmer war, mit dem dicken Sohn des

Tanzlehrers, der immer als Notnagel dabei gewesen war.

Verstohlen blickte ich um mich. An den Nebentischen saßen überwiegend Paare mittleren Alters, weiter entfernt ein Grüppchen, das wirkte wie ein Kegelverein auf Ausflug. Die Kellner flitzten mit Weinflaschen und Sektkübeln zwischen den Tischen hin und her.

Entspann dich, Hanni. Du bist zwar nicht zum Urlaub machen hier. Dennoch kannst du versuchen, die Situation zu genießen. Oder hast du etwa vergessen, wie das geht? Hab einfach Spaß, du hast es dir verdient. Das Leben ist in den letzten Monaten nicht zimperlich mit dir umgegangen.

Ja, warum eigentlich nicht? Die Sache mit Gerald hatte mir zugesetzt. Aber es gab ganz bestimmt keinen einzigen Grund, für den Rest meines Lebens in Sack und Asche zu gehen! Unwillkürlich straffte ich meinen Rücken. Da traf mich ein Stoß an der Schulter. Zunächst dachte ich, ein Kellner habe mich mit einem Weinkühler getroffen. Es war jedoch ein anderer Gast, der mich im Vorübergehen gestreift hatte.

„Scusi, Signora", sagte er. „Dieses Mal war es meine Schuld." Die Stimme kannte ich doch?

„Macht nichts", erwiderte ich auf Deutsch, weil mir die italienischen Worte dafür fehlten. Er stand direkt hinter mir. Als ich mich zu ihm umdrehte, konnte ich den Bartschatten auf seiner Wange sehen und das kleine Grübchen im Kinn, das dem ansonsten sehr männlich-herben Gesicht etwas Weiches gab.

„Es ist leider sehr eng hier heute Abend", fuhr er in gutem Deutsch mit leichtem italienischen Akzent fort.

„Aber ja, kein Problem", antwortete ich und lächelte ihm beruhigend zu. Ein jüngerer Mann trat zu ihm, grüßte mich mit einem Nicken und ich wandte mich wieder um. Die beiden Männer ließen sich am Nebentisch nieder und unterhielten sich nun in gedämpftem Tonfall auf Italienisch, während ich auf die Tanzfläche spähte. Gila tanzte mit hoch erhobenen Armen und Sieglinde zeigte mit ihrem unübersehbar gut gelaunten Tanzpartner, dass sie den Fox noch drauf hatte. Wann hatte ich eigentlich das letzte Mal getanzt? Und noch so ausgelassen dazu? Ich konnte mich nicht mehr erinnern.

Nach einer Weile stand der jüngere der beiden Italiener auf, um eine Frau seines Alters am Rande der Tanzfläche zu begrüßen. Gleich darauf verschwand er mit ihr in Richtung des Vorderdecks. Dort befand sich, wie ich bereits wusste, eine Lounge-Bar.

„Für junge Leute bietet dieses Schiff nicht viel, ich bin froh, dass mich mein Sohn dennoch hierher begleitet hat." Die Stimme des Italieners klang ein wenig amüsiert. Ich drehte mich mit meinem Stuhl ein Stück zu ihm um und nun saßen wir uns schräg gegenüber. Unwillkürlich musste ich bei seinem Anblick an italienische Filmstars aus den 1950er Jahren denken. Er mochte etwas älter sein als ich, das volle, dunkle Haar sparsam mit Grau durchsetzt. Er war schlank und auf südländische Art gutaussehend, mit einem schmalen Gesicht und den Falten, die Männer eines gewissen Alters so unverschämt interessant aussehen lassen.

In den Gläsern seiner Sonnenbrille spiegelte sich die untergehende Sonne. Das Farbschauspiel am Himmel, intensiv flammendes Rot, das dunkles Nachtblau nach sich zog, schien ihn nicht zu interessieren. Er sah mich direkt an.

„Ich finde es ganz nett", sagte ich etwas lahm.

Er lachte leise auf. „Sie sind das erste Mal hier, auf diesem Schiff?"

„Mit zwei Freundinnen", konkretisierte ich.

„Wo sind Sie zugestiegen?"

„In Ceriale."

„Machen Sie dort Urlaub?"

„Nein ... also, ja ... nur kurz", stammelte ich.

Mein Blick fiel auf seine Hand, die er locker um den Stiel eines Weinglases gelegt hatte. Maniküre, gepflegt, doch unübersehbar männlich.

Ein leichter Schauer durchlief mich, als mir klar wurde, was ich gerade tat. Ich betrachtete den Fremden nicht wie einen zufälligen Sitznachbarn auf einem Partyschiff, sondern als Mann. Seine Attraktivität machte mich dabei ein wenig verlegen.

Vorsichtig fuhr ich mir mit der Hand übers Haar und hoffte, keinen Lippenstift auf den Zähnen oder irgendwelche Krümel am Mund zu haben.

„Ein kurzer Urlaub also. Schade."

„Wieso schade?", entfuhr es mir.

Er antwortete nicht, lächelte nur. Leicht melancholisch, wie mir schien.

„Sie duften gut", antwortete er dann zu meiner völligen Überraschung.

„Oh!", sagte ich, wenig einfallsreich. "Das ist ein ganz neues Parfüm, eine italienische Komposition."

„Ihr Parfum kenne ich gut, es heißt *Il Giardino di Flora*, ist sehr elegant und ich bin sicher, Sie haben damit eine vorzügliche Wahl getroffen. Aber ich meinte Ihren persönlichen Duft. Wussten Sie, dass jeder Mensch eine ganz spezielle Zusammensetzung aus Duftstoffen hat?"

Nein, das wusste ich nicht. „Sind Sie Spezialist dafür?"

„In gewisser Weise." Er hob das Weinglas an die Lippen und trank einen Schluck, bevor er weitersprach.

„Ich habe bis vor Kurzem ein kleines Kosmetikunternehmen geleitet. Da spielen Düfte immer eine große Rolle. Wenngleich es dabei um die richtige Kombination von Blütenessenzen geht."

Beeindruckt hörte ich ihm zu, als er von den Herausforderungen und Erfolgserlebnissen seiner Branche sprach.

„Warum haben Sie sich aus dem Beruf zurückgezogen?", fragte ich ihn schließlich.

Ein leichter Schatten glitt über sein Gesicht. „Familienunternehmen haben es schwer. Die Firma wurde von meinem Urgroßvater gegründet und ich habe lange Jahre gehofft, sie an meinen Sohn weitergeben zu können. Leider wurde es immer schwieriger, sich gegen die großen, multinationalen Konzerne zu behaupten, die sich ihr Geld an der Börse holen. Wir haben lange standgehalten. Letztes Jahr erhielten wir ein sehr großzügiges Übernahmeangebot. Mein Sohn war einverstanden, also haben wir verkauft. Nun bin ich Privatier."

Ich lächelte ihm ermunternd zu. Er wirkte nicht verdrossen, sondern ganz entspannt. Da nahm er den Hut vom Kopf, legte ihn vorsichtig vor sich ab und erhob sich.

„Möchten Sie mit mir tanzen?"

Völlig überrumpelt stand ich auf. „Gerne."

„Bitte, gehen Sie doch voran", bat er mich. Er folgte mir und legte mir dabei leicht die Hand auf die Schulter. Eine Berührung, die mich durchzuckte, als habe jemand eine kleine Flamme unter meiner Haut entzündet.

Von der Tanzfläche her kamen uns Sieglinde und ihr Tanzpartner entgegen. Das Gesicht meiner Freundin leuchtete eindeutig hoch erfreut. Man erlebte ja immer wieder Überraschungen! Gila war nirgends zu entdecken, womöglich saß sie schon längst in der Lounge-Bar und stieß mit einem Cocktail auf die inzwischen am Horizont gänzlich versinkende Sonne an.

„Ich heiße Vittorio", stellte mein Gegenüber sich nun mit Namen vor.

„Hannelore, genannt Hanni", tat ich es ihm gleich.

Vittorio war fast einen Kopf größer als ich und als er einen Arm fest um meine Taille legte und meine Rechte in seine Hand nahm, überkam mich ein fast unwiderstehlicher Drang, meinen Kopf an seine Schulter zu legen und an gar nichts mehr zu denken, mich nur von ihm zu den Klängen der Musik führen zu lassen.

Die Combo hatte *Fly me to the moon* intoniert und wir glitten mit weichen, schwingenden Bewegungen übers Parkett. Vittorio war ein sehr guter Tänzer, der es verstand, mich sanft und fest zugleich zu führen. Gottlob verzichtete er dabei auf akrobatische Einlagen, wie sie bei einigen anderen Herren der Schöpfung an diesem Abend sehr beliebt zu sein schienen.

„Sie fühlen sich gut an." Der Mund meines Tanzpartners war so dicht an meinem Ohr, dass ich den Atemhauch spürte, der seine Worte begleitete. Die kleinen Härchen in meinem Nacken stellten sich auf und ein angenehmes, heftiges Kribbeln lief meine Wirbelsäule entlang.

„So fest und gleichzeitig so ... weiblich weich", fuhr er fort und legte seinen Arm etwas fester um mich.

„Ich bin verwitwet", sagte ich, übertölpelt von durcheinanderwirbelnden Gefühlen und einer gleichzeitig einsetzenden Panik. Was tat ich da? Tanzte mit einem Unbekannten, der mich mit Komplimenten überschüttete. War kurz davor, mich gehen zu lassen, als sei ich wirklich im Urlaub und nicht in heikler Mission unterwegs. Und überhaupt ... mit 55 fühlte ich mich in abrupt einsetzender Ernüchterung viel zu alt für solche Spielchen! Ich richtete mich auf und hob den Kopf. Vittorio geriet leicht ins Stocken.

„Bin ich zu weit gegangen mit dem, was ich Ihnen gesagt habe?" Seine Stimme war weich, besorgt, freundlich.

„Vielleicht bin ich es nicht mehr gewohnt, solche Komplimente zu erhalten", sagte ich ehrlich.

Und dann noch von einem vermutlich reichen, auf jeden Fall gutaussehenden, darüber hinaus auch noch kultivierten Mann, setzte ich im Geist hinzu. *Einem Mann, der mit Leichtigkeit eine wesentlich jüngere, attraktivere Frau haben könnte.*

„Das ist schade. Frauen sollten viele Komplimente erhalten. Vor allem, wenn sie so charmant sind, wie Sie." Seine Worte stürzten mich in noch größere Verwirrung. War das die Rivieraluft, die bekanntermaßen wie Champagner wirkten sollte? Oder einfach italienische Lebensart? In das einsetzende neue Stück hinein, die Musiker spielten *Amor* von Julio Iglesias, schien Vittorio meine Verunsicherung zu bemerken.

„Es ist schön, diesen Abend mit Ihnen genießen zu können", sagte er, bevor wir zu einer mehr allgemein gehaltenen Konversation zurückkehrten. Ich war mir nicht klar darüber, ob mir das wirklich besser gefiel, aber es war eindeutig weniger gefährlich für mich. Als wir nach einigen wundervollen Tänzen zu unseren Tischen zurückkehren wollten, kam zu meiner großen Enttäuschung Vittorios Sohn auf uns zu. Er sprach leise mit seinem Vater, der sich daraufhin mit einer bedauernden Geste zu mir umdrehte.

„Es tut mir leid, liebe Hanni. Ich hatte ganz die Zeit vergessen. Wir legen gleich in San Remo an und gehen dort von Bord. Darf ich mich morgen bei Ihnen melden?"

Verdattert sagte ich zu und nannte ihm den Namen unseres Hotels.

„Ich freue mich auf unser Wiedersehen!" Vittorio hob meine Hand, die er noch immer festgehalten hatte, kurz an seine Lippen. Danach ließ er mich, irritiert und völlig überwältigt von meinen verwirrenden Gedanken, allein und ging mit seinem Sohn, der ihn am Ellbogen gefasst hatte und sanft mit sich zog. Während ich dem Kribbeln nachspürte, das Vittorios Berührung bei mir hinterlassen hatte und ihm und seinem Sohn nachblickte, fragte ich mich, ob er das mit dem Wiedersehen einfach so gesagt hatte, oder es tatsächlich meinte. Das Schiff schaukelte nun in den

Hafen von San Remo. Ich stand an der Reling und beobachtete, wie etliche Passagiere von Bord gingen und neue dazukamen. Vittorios weißer Hut leuchtete zwei Mal in dem Gewimmel auf. Ich meinte, ihn und seinen Sohn in ein ziemlich großes Auto steigen zu sehen, mit dem sie davon fuhren. Als das akustische Signal zum Ablegen ertönte, kehrte auch ich an unseren Tisch zurück. Dort stieß ich auf Sieglinde, die mit ihrem weißhaarigen Tanzpartner in eine angeregte Unterhaltung verstrickt war. Eine teilweise sehr laute Unterhaltung, denn Sieglindes Gegenüber fummelte ununterbrochen an seinem Hörgerät herum, wobei man ständig die Worte Bluetooth Technologie hörte und etwas darüber, dass man die Leistung des Geräts der Umgebung anpassen könne. Mühelos. Das war ja mal ganz offensichtlich nicht der Fall. Ich grinste vor mich hin und überließ die beiden ihrem Versuch, mühelos verbal miteinander zu kommunizieren.

Kurze Zeit später kam auch Gila und erzählte lachend von den Avancen, derer sie sich gerade hatte erwehren müssen. Unglücklicherweise fiel mein Blick gerade in diesem Moment auf Anton Schönhuber, der seine Begleiterin schmachtend ansah.

„Sag mal", fragte ich erschrocken, „wir sind hier doch nicht etwa auf deinem Schiff voller Gigolos?"

Gila lachte lauthals und versicherte mir, da könne sie mich beruhigen.

„Wir sind einfach nur in Italien, meine Liebe! Dem Land der puren Lebensfreude."

***

Ungefähr zwei Stunden später waren wir nicht mehr in Italien. Aus Gründen, über die zum aktuellen Zeitpunkt und lange Zeit später noch höchst unterschiedliche Meinungen kursierten, war unser Schiff irgendwo vom Kurs abgekommen. Von Schlamperei war die Rede, auch von einer hübschen Reisenden, die sich direkt auf der Kommandobrücke allzu ausführlich über die genaue Tätigkeit eines Kapitäns informieren ließ, einige wenige Stimmen nahmen das Wort Boykott und Konkurrenzkonflikte in den Mund. Egal, was es war, auf einmal wurde es rund um uns herum äußerst hektisch. Das Schiff hatte seine Route verlassen und war wesentlich weiter aufs Meer hinausgefahren, als vorgesehen. Damit schien auch der Zeitplan in ein Durcheinander geraten zu sein, was die Besatzung in Aufruhr versetzte.

Man ließ uns zunächst im Unklaren, doch die Umtriebigkeit, mit der auf einen Schlag sämtliche Mannschaftsmitglieder herumliefen, blieb niemandem verborgen.

Eifrig, ja fast verzweifelt, spielte die Kapelle weiter. Inzwischen war es kurz vor Mitternacht, selbst Herr Schönhuber und seine schmuckbehängte Rumbatänzerin waren müde geworden und hielten sich bei reduzierter Konversation an ihren Gläsern fest. Von Sieglinde, der von ungewohnt kräftigem Weingenuss ständig die Augen zufielen und ihrem weißhaarigen Galan, der leise schnarchend mit zurückgelegtem Kopf auf dem Stuhl neben ihr saß, ganz zu schweigen.

In dieses Szenario aus Müdigkeit bei den überwiegend betagten Gästen einerseits und der aufgeregten Schiffsmannschaft andererseits, trumpften die Musikanten noch einmal in höchsten Tönen auf, was den größten Teil der Schlafenden weckte.

„Es soll ja auch auf dem Mittelmeer Piraten geben", fürchtete Sieglinde, die auf einen Schlag wieder genauso verängstigt wirkte, wie ich sie kannte.

Meine Gedanken flogen zu Vittorio. Ob er überhaupt noch an mich dachte?

„Dein Tänzer von heute Abend", hakte sich Gila nahtlos in meine Überlegungen ein, „wo ist der eigentlich?"

Tatsächlich hatte ich nur mit einem getanzt, wusste also ganz genau, wer gemeint war.

„Sein Sohn und er sind in San Remo von Bord gegangen, murmelte ich.

„Aha!" Gilas Augen blitzten amüsiert auf.

„Was du wieder denkst!" Sieglinde sah wütend zu Gila hinüber und plusterte sich dabei auf wie eine Vogelmutter, die ihr Junges beschützen will. „Hanni ist gerade Witwe geworden. Da wird sie nicht mit einem Wildfremden flirten." Sie nickte nachdrücklich. „Einem Italiener", setzte sie dann noch hinzu, als wäre das das Allerschlimmste an einer solchen Situation.

„Oho, du spielst wohl Anstandsdame!" Gilas Blick kühlte um mehrere Grad ab. „Aber Hanni ist meines Erachtens nach volljährig und kann für sich selbst entscheiden."

„Hört auf", bat ich mit matter Stimme.

Sieglinde hatte etwas ausgesprochen, was mir mit beunruhigender Schärfe schon den ganzen Abend im Kopf herumging. Einer der Gründe, warum ich die

Aufforderung von zwei weiteren Herren, rüstige Senioren aus dem Ruhrgebiet, abgelehnt hatte. Hatte ich überhaupt das Recht, mich einfach zu amüsieren? Wenige Monate nach dem Tod meines Gatten?

„Gerald war kein Kind von Traurigkeit. Aus genau diesem Grund sind wir hier. Soll Hanni nur noch Trübsal blasen, weil ihr verstorbener Mann sie auf die uns allen bekannte Art und Weise zur Witwe gemacht hat?" Gilas Worte zielten auf die zweite Seele in meiner Brust ab. Statt düster zu muffeln, bevorzugte sie die lebensbejahende Variante.

„Das Leben geht weiter", setzte sie noch hinzu und hob dabei ihr Glas, als wolle sie ihrem und auch meinem Schicksal damit zuprosten.

Bevor Sieglinde dazu kam, eine ihrer gefürchteten Erwiderungen von sich zu geben, trompetete es durch die Lautsprecher.

„Meine Damen und Herren", krakelte es satzweise abwechselnd auf Deutsch, Englisch und Italienisch, „wegen eines unvorhergesehenen Zwischenfalls wird sich unsere Rückfahrt nach Ceriale ein wenig verspäten. Das Servicepersonal wird Ihnen gleich Kaffee und Tee servieren, sowie Decken bereithalten. Bitte haben Sie etwas Geduld."

Die allerdings wurde auf eine harte Probe gestellt. Wir fuhren erst kurz nach fünf Uhr morgens wieder in den kleinen Hafen von Ceriale ein, ein Geisterschiff voll leise schnarchender Touristen, die nach der Ankunft erschöpft in ihre Quartiere wankten.

Als wir an unserem Hotel ankamen, fanden wir die Tür verschlossen. Es dauerte eine halbe Stunde, bis uns ein eindeutig missmutiger und verschlafener

Angestellter die Schlüssel aushändigte, und danach eine weitere halbe Stunde, bis ich in meinem Bett lag. Endlich schlafen, dachte ich, während sich meine Lider wie von selbst schlossen. Langsam trudelte ich ins Land der Träume.

Um Minuten später wieder kerzengerade in meinem Bett zu sitzen. Ein lauter Knall hatte meinen Schlaf behindert, ein aufdringliches Scheppern folgte, etwas schnaufte tief und dunkel wie ein altes Walross, dazu drangen Männerstimmen an mein Ohr, die sich lauthals etwas zuriefen. Es dauerte einen Moment, bis ich das alles zuordnen konnte. Dann fiel der Groschen. Draußen tobte sich die Müllabfuhr aus. Ein weiterer Knall, ein Schnauben, dann entfernte sich der Lärm, wenige Minuten später war der Krach vorbei, ich wälzte mich noch einmal aus dem Bett und schloss lautstark das Fenster, bevor ich unter die Decke zurückkroch. Aber nun waren alle Versuche, sofort wieder einzuschlafen, vergebens. Es dauerte, bis ich wieder abtauchte. Dann, endlich, senkte sich der Schlaf über mich und ich träumte mich zurück auf das Schiff, um unter dem Sternenzelt mit Vittorio leichtfüßig eine Rumba zu tanzen.

09

Unwillig tauchte ich aus dem Land der Träume auf, als jemand gegen die Tür hämmerte und meinen Namen rief. Völlig desorientiert blickte ich auf den kleinen Reisewecker auf meinem Nachttisch und erschrak. Es war bereits nach elf! Die Stimme vor meiner Tür gehörte Sieglinde.

„Hanni, wach auf!", rief sie immer noch, als ich ihr öffnete. „Meine Güte, hast du aber tief geschlafen", konstatierte sie bei meinem Anblick.

„Du nicht?", nuschelte ich.

„Ich sitze seit acht Uhr im Frühstücksraum und warte auf euch", erklärte meine Freundin mit ernstem Gesicht. „Soweit ich weiß, seid ihr beide ja noch verabredet."

Ja, wir sollten heute früh bereits wieder bei Sophia sein, die hoffentlich inzwischen von ihrer Reise zurückgekehrt war.

„Wo ist Gila?", wollte ich wissen.

„Weiß nicht! Liegt wohl auch noch im Bett." Sieglinde zuckte genervt mit den Schultern. Dann wurde ihr Blick ganz komisch, sie nestelte ihre Lesebrille aus der Tasche. Sie sah mich an, und was sie sah, gefiel ihr offensichtlich nicht.

„Mein Gott, Hanni. Wie siehst du denn aus?" Erschrocken schlug sie die Hand vor den Mund.

„Ja, wie sehe ich denn aus? Unausgeschlafen vermutlich."

„Schau mal in den Spiegel!"

Ich schlurfte ins Badezimmer und erschrak über meinen Anblick mindestens genauso heftig wie eben noch Sieglinde. Mein ganzes Gesicht war voller dunkelbrauner Flecken. Was war das? Eine fremde, womöglich ansteckende Krankheit? Nicht viel besser sahen meine Arme und Beine aus.

Während ich noch verständnislos herumstand, sah ich die Schachtel auf dem Waschbecken.

„Abbronzatura naturale", schien sie zu höhnen.

„So kann ich nicht aus dem Haus", war alles, was ich dazu zu sagen hatte.

***

Gila zu wecken erwies sich als schwierig. An ihrer Tür prangte ein „Bitte nicht stören"-Schild und das Zimmertelefon war ausgeschaltet. Trotzdem gelang es Sieglinde ungefähr eine Stunde später dennoch, sie aus ihrem Tiefschlaf zu holen.

„Schlafmaske, Ohrenstöpsel, da könnte ja die Welt untergehen und sie bekommt es nicht mit", maulte Sieglinde, als sie nach dieser Aktion zu mir zurückkam. Sie saß auf dem Rand der Badewanne und sah mir zu, wie ich unter der Dusche hektisch mit einem Seifenstück über mein Gesicht und meine Arme wischte. Zu allem Überfluss waren auch noch meine Handinnenflächen so dunkel, als habe man sie mit Walnussschale eingerieben.

„Das geht einfach nicht ab!", stöhnte ich und rieb meine Haut immer heftiger mit dem Schaum ein. Es nützte nichts, noch immer sah ich aus wie eine Kreuzung aus Leopardenweibchen und Streifenhörnchen.

„Verdammter Mist!" Nun packte ich so heftig zu, dass mir die Seife aus der Hand flutschte und über den Boden schlitterte. Mit einer schnellen Bewegung versuchte ich, sie festzuhalten. Leider vergeblich. Das Ergebnis war dann auch ganz anders als gewünscht. Ich rutschte auf der Seifenspur aus und knallte volle Kanne gegen den Rahmen der Badezimmertür.

„Aua!", schrie ich. Tausend Sternchen schienen vor meinen Augen zu tanzen. Zu dem Schreck kam der Schmerz. Noch während ich fiel, war mir, als wachse eine riesige Beule auf meiner Stirn. Dann krachte mein Po auf den Boden und im ersten Moment glaubte ich, nie wieder aufstehen zu können. Das tat nicht nur körperlich weh. Es war, als hätte sich wieder einmal alles gegen mich verschworen. Hanni im Unglück! Ich hätte geheult, wenn ich nicht zu fertig gewesen wäre.

„Um Himmels willen, Hanni!" Sieglinde sprang erschrocken auf und zerrte mich wieder auf die Beine.

„Autsch", jammerte ich und hielt eine Hand über das rechte Auge.

„Das gibt ein Veilchen", konstatierte Sieglinde.

„Eis, wir brauchen Eis." Wie aus dem Nichts war Gila aufgetaucht und starrte mich halb mitleidig, halb entsetzt an. Dann entdeckte sie die Verpackung, die am Waschbecken lag.

„Mensch Hanni, hast du denn noch nie einen Selbstbräuner benutzt!", schimpfte sie. Hatte ich nicht und wurde nun über den vorherigen Einsatz eines Peelings und die Wichtigkeit aufgeklärt, eine Selftanning-Lotion ganz gleichmäßig aufzutragen.

„Gut trocknen lassen, möglichst nicht schwitzen, und dann bist du schön braun über Nacht."

„Wie geht das denn wieder weg?", jammerte ich.

„Das wächst sich raus", brummte Gila. „Solange hilft nur eines: ein gut deckendes Make-up und lange Ärmel!"

Ich hob ihr meine dunkelbraunen Handinnenflächen entgegen.

„Und ein Paar Handschuhe. Gut, dass ich welche zum Autofahren benutze, die kannst du haben."

Zwei Stunden später verließen wir das Hotel. Gila hatte mein fleckiges Gesicht mit mehreren Schichten Farbe abgedeckt, sodass ich wirkte wie einbalsamiert. Eine große Sonnenbrille verbarg meinen gestressten Blick und das sich bereits abzeichnende Veilchen, um meinen Hals lag ein leichter Schal, die Ärmel meines T-Shirts waren bis zu den Händen gezogen, an denen ich Gilas Handschuhe trug. Dazu hinkte ich ganz leicht, denn bei dem Sturz hatte ich mir auch noch die Hüfte angeschlagen. Maskenhaft starr sah ich aus und wirkte, als wäre ich ein Zombie oder zumindest auf dem Weg in eine lang andauernde Rekonvaleszenz.

Es war schlimm, aber ich war gewillt, es durchzustehen. Obwohl es inzwischen Nachmittag geworden war, machten Gila und ich uns endlich daran, Sophia aufzusuchen.

***

Die Haustür stand offen, aus dem Inneren hörte man jemanden mit etwas Metallischem klappern. Wir klopften laut an. Auch an diesem Tag kam Sophias Ehemann an die Tür. Statt eines Unterhemds trug er ein blau-weißes T-Shirt mit dem Emblem eines italienischen Fußballvereins.

„Ah!", sagte er nur bei unserem Anblick, musterte insbesondere mich in meinem Aufzug mit einem merkwürdigen Blick und rief dann ins Innere des Hauses nach seiner Angetrauten. Vermutlich war ich zu übermüdet, um nervös zu sein. Doch beim Anblick der Frau, mit der Gerald mich einst betrog, flammte etwas in mir auf. Mir wurde leicht übel und ich musste die Hand vor den Mund pressen.

Der Mann fragte irritiert etwas, das ich auch ohne Übersetzung als „Sind Sie krank?" interpretieren konnte. Dabei trat er vorsichtshalber einen Schritt zurück. Da kam Sophia schon und schob ihn zur Seite.

Ich starrte sie an. Sie entsprach keineswegs dem Bild, das ich mir insgeheim von ihr gemacht hatte. In meiner Fantasie war die Mutter der Tochter meines Mannes eine vor Leidenschaft kochende Femme fatale vom Schlag einer Claudia Cardinale oder Gina Lollobrigida. Sophia war ganz anders. Mir gegenüber stand eine nicht besonders große und auf eine gemütliche Art mollige Frau. Ich bemühte mich, nicht allzu neugierig auf ihre ausladende Oberweite zu starren, konzentrierte mich auf das runde Gesicht mit den lebhaften, braunen Augen, der kleinen, geraden Nase und dem vollen, weichen Mund. Mir stand keine bedrohlich schöne italienische Diva gegenüber, sondern eine ganz normale Hausfrau, die allerdings mindestens zehn Jahre jünger war als ich.

„Ja, bitte?", fragte sie. Gila übersetzte und ein merkwürdiges Schweigen folgte.

„Also, wir kommen aus Deutschland", begann ich das Gespräch. Sophias Ehemann nuschelte etwas im

Hintergrund und seine Frau bedeutete ihm, sie wisse auch nicht, wer wir seien.

„Wir können jetzt das Gespräch unmöglich auf deinen Ex bringen", murmelte Gila, ohne ihr Lächeln zu verlieren.

Verdammt, wenn dieser Ehemann, inzwischen hatten wir verstanden, dass sein Name Carlo war, vorhatte, die ganze Zeit bei diesem Gespräch anwesend zu sein, würde es für uns unmöglich sein, den Grund unseres Besuches aufzudecken.

„Giulietta?", versuchte ich es.

Sophias Miene zeigte Überraschung. Sie gestikulierte und sprach schnell und viel.

„Sie ist nicht hier", übersetzte Gila, die offensichtlich Mühe hatte, das alles mitzubekommen. „Und wenn ich das richtig verstehe, waren Mutter und Tochter gestern in Monaco, heute früh gab es Zoff und Giulietta ist wutentbrannt abgerauscht."

Vermutlich türeknallend und mit der Drohung, nie wieder zurückzukommen. Das hatte ich mit Miriam auch schon durchgemacht, als sie noch viel jünger war. So jung wie Giulietta heute. Nur, wohin war die verschwunden und wann kam sie zurück?

Nun wollte Sophia wissen, was wir von ihrer Tochter wollten.

„Und jetzt?", fragte Gila halblaut.

Wir waren viel zu sicher gewesen, unter vier Augen mit Sophia sprechen zu können, als dass wir uns einen Plan B zurechtgelegt hätten.

„Ich kann ja wohl schlecht behaupten, ich sei eine Freundin, oder eine Bekannte aus dem Internet."

„Du nicht, aber wie wäre es mit Miriam?"

Während wir versuchten, zu einer Lösung zu kommen, huschten die Augen von Sophia und ihrem Mann immer misstrauischer zwischen Gila und mir hin und her.

„Los mach!", forderte ich meine Freundin auf.

„Internet?" Carlos Stimme klang, als hätten wir gesagt, wir seien Abgesandte Luzifers.

„Ah, die jungen Leute. Das verstehst du nicht!". Sophias abfällige Handbewegung schien zu zeigen, was sie von der wenig fortschrittlichen Haltung ihres Gatten hielt.

„Sì, sì", erklärte ich begeistert.

„Meine Tochter heißt Miriam. Sie lässt Giulietta grüßen und hat mir etwas für sie mitgegeben."

Gottlob fragte Sophia nicht nach, was es war, sonst hätte ich mir eine Lüge ausdenken müssen. Ihr Blick veränderte sich. Den darauffolgenden Wortschwall verstand sogar ich.

„Sì, sì", radebrechte ich eine Antwort darauf. „Giulietta und Miriam amiche – Freundinnen." Ich lächelte und nickte, begeistert über unseren Trick. Facebook war ja international, da kamen schon mal die merkwürdigsten Begegnungen zustande. Sophia und ihr Mann sahen sich an. Beunruhigt, wie ich fand. Dann baten sie uns herein.

„Los, rein in die gute Stube. Irgendwann wird der Zerberus neben ihr ja wohl verschwinden", knurrte Gila.

Lächelnd betraten wir nun das Haus, dessen dicke Mauern die Sommerhitze draußen hielten und mir in meinem aberwitzigen Aufzug etwas Kühlung verschafften. Wir kamen in eine winzige Diele, geradeaus führte eine steile Treppe ins obere Stockwerk, Linkerhand ging es durch eine offenstehende Tür in eine altmodische, dunkle Küche mit Steinfußboden. Sophia dirigierte uns dort an einen großen, hölzernen Esstisch, an dem wir Platz nahmen.

„Caffè?", fragte die Hausherrin und hantierte bereits mit einer Espressokanne herum. Zischend sprang die Gasflamme an, kurze Zeit später erfüllte der aromatische Duft von frisch gebrühtem Espresso die Küche. Carlo hatte inzwischen Wassergläser vor uns hingestellt und kam mit einer Flasche Grappa, aus der er uns ohne zu fragen großzügig einschenkte. Ich konnte es im Halbdunkel des Raumes nicht so genau sehen, weil ich immer noch meine Sonnenbrille trug.

Währenddessen redete Sophia ununterbrochen und fragte nach Miriam. Als ich ein Foto aus der Tasche zog, versicherte sie mir, meine Tochter sei wunderschön und bestimmt auch sehr intelligent, das sehe man schon am Blick.

Wenn du wüsstest, woher sie das hat, dachte ich so bei mir.

Carlo beugte sich über das Foto und trompetete etwas.

„Er sagt, sie sieht Giulietta ein wenig ähnlich", übersetzte Gila zu meinem Entsetzen. Dann hob Carlo das Glas, wir taten es ihm gleich, obwohl ich mich fast an dem scharfen Schnaps verschluckte.

„Ja, das Haar", bestätigte nun auch Sophia nichtsahnend die Ähnlichkeit der beiden Töchter, und fragte mich weiter aus. Es war gut, dass ich keiner ihrer Fragen direkt beantworten musste, sondern Gila als Übersetzerin fungierte. Da auch sie nicht alles verstand, öfter nachfragen musste und wir uns zwischen den Fragen und Antworten absprechen konnten, zog sich das Gespräch hin. Dem ersten Grappa folgte ein zweiter, doch als unsere Espressotassen leer waren, trat eine merkwürdige Stille ein.

„E allora?", meinte Sophia dann nach einem Räuspern.

„Meine Tochter und Ihre Tochter sind also Freundinnen?" Beim letzten Wort legte sie ihre beiden Zeigefinger dicht nebeneinander. Es sah aus, als wolle sie damit auf mich zielen.

„Sì, sì", antwortete ich.

„Und Sie beide ... sind auch ... Freundinnen?"

Wieder dasselbe Spiel mit den Fingern.

„Ja, natürlich." Unsicher sah ich Gila an, die die Frage bestätigte und mir zur Bekräftigung den Arm um die Schulter legte. Beide grinsten wir wie die Vollidioten, ohne Plan, wie das hier alles noch weitergehen sollte.

Sophia indessen wandte sich nun an ihren Ehemann und ohne Vorwarnung gerieten die beiden in einen heftigen Streit.

„Er sagt, sie sei an allem schuld. Sie sagt, er sei an allem schuld. Und jetzt ...", das Geschrei endete abrupt und die beiden wandten sich wieder uns zu, „sagt er, dass er sofort gesehen habe, dass mit dir etwas nicht stimmt."

„Was soll denn mit mir nicht stimmen?", sagte ich, ein wenig überrumpelt von den Geschehnissen. Außerdem hatte ich kurzzeitig vergessen, wie ich aussah.

„Und sie sagt, ihr ist völlig klar, warum wir gekommen sind."

„Wirklich?", erschrocken wandte ich mich Sophia zu. Die sah mich nun eindeutig wesentlich unfreundlicher an als vorher.

„Also – wie soll ich das jetzt erklären", murmelte ich, unsicher, ob ihre Aussage nun bedeutete, ihr Mann wisse Bescheid oder eher doch nicht. Während die beiden bereits wieder heftig aufeinander losgingen, von merkwürdigen Blicken auf uns begleitet.

„Das ist viel zu schnell, das verstehe ich nicht", japste Gila.

Dann wurde die Konversation unvorhergesehen durch einen Besucher unterbrochen, das Geschrei endete abrupt.

„Deutscheland gutte Land", rief es hinter uns. Vier Augenpaare wandten sich der immer noch offenstehenden Tür zu, wo gerade der Nachbar aufgetaucht war, dessen Bekanntschaft wir bereits am Vortag gemacht hatten. Er war eindeutig darauf aus, mit uns seine Wolfsburger Erinnerungen aufzufrischen.

Die Totenstille, die auf diese merkwürdige Ansage folgte, fiel ihm dennoch auf. Etwas vor sich hinmurmelnd, verabschiedete er sich trotzdem nicht gleich wieder, sondern blieb zögerlich an der Tür stehen. Carlo ging zu ihm hinüber, die beiden Männer wechselten halblaut ein paar Worte. In diesem Moment sah ich meine Chance gekommen.

„Wir müssen miteinander reden", sagte ich schnell und leise zu Sophia, untermalt von eindeutigen Gesten. „Albergo Aurora, kommen Sie heute Abend dorthin."

„Stasera? Impossibile!"

„Dann morgen."

„Domani", sekundierte Gila halblaut. Weil Sophia sich nicht rührte und meine Sicht immer noch eingeschränkt war, schob ich meine Sonnenbrille nach oben. Sie sah mich an, womöglich noch erschrockener als vorher, als sie meines Veilchens ansichtig wurde. Ihr Blick huschte kurz zu Carlo, ich schüttelte den Kopf.

„Nur wir beide!" Gila übersetzte und dann erhoben wir uns, bevor die Situation noch unübersichtlicher wurde.

***

Bis wir wieder im Hotel waren, war ich in meinem unmöglichen Aufzug total verschwitzt. Da sich langsam auch das Make-up löste, trieb mich nur ein Wunsch an. Der, unter die Dusche zu gehen.

„Ich brauch erst mal etwas Kühles zu trinken", sagte Gila und verschwand in Richtung des Innenhofs, in den eine Bar integriert war.

An der Rezeption hatte jemand eine kleine Papiertüte für mich hinterlegt.

„Von Ihrer Freundin", sagte die Empfangsdame, während sie mich in meinen Aufzug verstohlen musterte.

„Ist sie im Haus?", wollte ich wissen.

Die junge Italienerin schüttelte bedauernd den Kopf. „Ein Herr hat sie vorhin abgeholt."

„Ein Herr?" Es dauerte einen Moment, bis der Groschen fiel. „Ein älterer Herr mit weißem Haar und einem beigen Blouson?"

„Weißes Haar, ja. Ich glaube, die beiden wollten dorthin." Sie schob mir einen Flyer zu, auf dem

„Rommee, Canasta, Bingo – Jeden Nachmittag. Deutschsprachige Leitung. Hotel Romantica" stand.

Wow! Sieglinde ließ sich von ihrem Foxtrotttänzer zum Canasta ausführen.

Auf meinem Zimmer sah ich nach, was sie für mich dagelassen hatte. Eine Packung Seesand-Mandelkleie. *Für ein Peeling*, hatte Sieglinde in ihrer akkuraten, steilen Handschrift darauf geschrieben. Dazu eine kleine Tube homöopathische Arnikasalbe – *gegen das Veilchen* – und die bewährten Bachblüten-Notfalltropfen – *Für den Fall, dass du sie brauchst.*

Vor Rührung sank ich auf mein Bett. Sieglinde war eben doch eine ganz besondere Freundin, auch wenn sie manchmal eine Nervensäge sein konnte. Obwohl sie bisher nicht wirklich viel zum Zweck meiner Reise hatte beitragen können, zeigten mir die Dinge, die sie für mich besorgt hatte, doch, wie sehr sie mich unterstützte.

Nach einer langen, lauwarmen Dusche und dem Einsatz des Seesand-Mandelkleie-Peelings sah ich zwar immer noch recht fleckig aus, brauchte aber weniger Make-up als noch am Morgen. Außerdem beschloss ich, auf die Handschuhe zu verzichten.

Aus meinem Koffer kramte ich einen leichten, weit schwingenden Rock, der bis zu den Knöcheln reichte und damit meine streifigen Beine verdeckte. Dazu passte ein langärmeliges, hippieskes Flattershirt in Batikoptik. Eines der Teile, die man von Jahr zu Jahr im Schrank behält, weil man glaubt, es ganz bestimmt im nächsten Urlaub anziehen zu können. Ich hatte es mir in einem weit zurückliegenden Sommer aus einer

Laune heraus gekauft und seither nie wieder getragen, obwohl es immer wieder den Weg in den Koffer fand.

Da ich keine Lust hatte, den ganzen Abend mit Sonnenbrille herumzulaufen und nichts zu sehen, schminkte ich mich einmal ganz anders als gewohnt. Statt meines dezenten Alltags Make-ups, das aus Mascara und Lippenstift bestand, umrahmte ich meine Augen jetzt kräftig mit einem schwarzen Eyeliner. Unten in meinem Kosmetiktäschchen fand ich das Pröbchen aus der Parfümerie. Es stellte sich als dunkelblauer, wasserfester Lidschatten heraus, den ich großzügig ums Auge und bis unter die Brauen auftupfte. Das sah zwar ein wenig verrucht aus, verdeckte aber mein Veilchen vollkommen. Lippenstift wäre mir jetzt irgendwie zu aufdringlich vorgekommen, daher gab ich lediglich ein bisschen Niveacreme auf die Lippen. Mein Haar war noch feucht vom Duschen, aber schon allein der Anblick des Föhns verursachte mir einen erneuten Schweißausbruch, so kämmte ich nur noch schnell alles in Form, bevor ich mein Hotelzimmer verließ.

Gila saß noch immer im Innenhof, ein hohes, beschlagenes Glas mit zitronig-gelben Inhalt stand vor ihr. Ein junger, gut gelaunter Mann hatte es sich in dem Rattansessel ihr gegenüber gemütlich gemacht. Er sah aus wie ein Bilderbuch-Italiener und kam mir vage bekannt vor. Eine teuer aussehende Sonnenbrille, lässig ins dunkle Haar geschoben, das weiße Hemd oben offen, die Jeans saß perfekt und die bloßen Füße steckten in edlen Slippern. Eine feine Goldkette, vermutlich mit einem Madonnenbild daran und genauso vermutlich ein Geschenk seiner katholischen

Mutter, sowie eine Uhr, für die man in Deutschland einen soliden Kleinwagen kaufen konnte, wiesen ihn als Mitglied der besseren Kreise aus. Ich konnte nicht anders, als Gila kurz dafür zu beneiden, dass sie es mühelos schaffte, solche Kerle an Land zu ziehen.

Ich betrachtete meine Freundin einen Moment lang, als hätte ich sie noch nie gesehen. Sie war nicht perfekt, aber sie verstand es, das Beste aus sich zu machen. Ihr immer schon sehr dünnes Haar färbte sie seit einigen Jahren in hellem Champagnerblond (*„damit man die Grauen darin nicht gleich so sieht"*) und trug sie geschickt zu einer Marilyn Monroe Frisur drapiert. Vermutlich mit Hilfe von Volumenschaum, Toupierkamm und Was-weiß-ich-noch. Aber das Ergebnis überzeugte. Sie trug an diesem Tag ein oben enganliegendes und ab der Taille etwas ausgestelltes jadegrünes Kleid. Es betonte ihr perfektes Dekolleté und verbarg den Teil ihrer Oberschenkel, den Gila nicht so toll fand.

„Cellulitis", hatte sie neulich gesagt. Dabei hatte sie die Haut derartig fest zusammengedrückt, dass vermutlich sogar Gisele Bündchen Dellen bekommen hätte. Ich fand ihre Schenkel jedenfalls schwer in Ordnung, dank Pilates und basischer Ernährung, wie ich wusste. An den Füßen trug meine schöne Freundin flache, top-modische Zehensandalen. Das Kirschrot ihrer Fußnägel wiederholte sich auf den Fingernägeln und den Lippen. Dazu ihre zart gebräunte Haut – völlig streifenfrei – und, wie ich wusste, eingehüllt in den Duft eines zarten Fliederparfums, das sie in diesem Sommer benutzte.

Ja, ich konnte mir vorstellen, warum sich dieser junge Kerl neben sie gesetzt hatte. Die beiden unterhielten sich lebhaft und ihr Lachen klang unbeschwert. Wäre ich jetzt zu ihnen hinüber gegangen, wäre ich mir wie ein Störenfried vorgekommen. Gut, dass mir sowieso nach etwas Zeit für mich alleine zumute war.

Ich drehte ab und trat auf die Promenade hinaus. Der Asphalt strömte noch die Hitze des Tages aus, doch als ich auf den Strand zuging, spürte ich die sanfte Brise des Meeres. Ich hätte nicht übel Lust gehabt, ein Bad zu nehmen, traute mich aber wegen meines immer noch merkwürdigen Aussehens nicht, im Badeanzug herumzulaufen. Auf dem Weg zum Meer hinunter kamen mir die Badegäste entgegen, die nun, da die Sonne am Versinken war, in ihre Hotels, Pensionen und Ferienappartements zurückkehrten. Der Strand war fast leer, als ich dort ankam. Ein Bagnino klappte vor sich hin pfeifend die Sonnenschirme zusammen und stapelte die leeren Liegen aufeinander.

Eine Weile ging ich am Wasser entlang und der kleine Spaziergang half mir, meine Gedanken zu ordnen. Dann schob ich alles, was mit Gerald, Sophia und Giulietta zusammenhing, weg. Wenn ich schon am Meer war, wollte ich doch wenigstens eine kurze Weile so etwas wie Urlaubsgefühle verspüren.

Vittorio fiel mir wieder ein. Als die Rezeptionistin sagte, es sei etwas für mich abgegeben worden, hatte ich im ersten Moment gehofft, es sei ein Gruß meines neuen Bekannten. Hatte er nicht gesagt, er würde sich melden? Er hatte mich wohl vergessen.

Ein wenig enttäuscht spazierte ich noch ein kleines Stück weiter und entfernte mich dabei vom Ortszentrum. Die Bebauung veränderte sich, es kamen immer mehr flache, kleine Häuser in Sicht, die wohl als Ferienappartements vermietet wurden.

Der Sand unter meinen Füßen fühlte sich gut an, lebendig und warm. An einem Turm übereinandergestapelter Liegestühle ließ ich mich nieder und blickte aufs Meer hinaus. Die Wellen rollten in sanftem Rhythmus über den Strand, bei jedem Rückzug knirschten kleine Kieselsteine aneinander und außer dem Lachen eines Paares, das ein Stück entfernt von mir eine Frisbeescheibe durch die Luft segeln ließ und dem gelegentlichen Kreischen einer Möwe war es angenehm ruhig. Langsam übermannte mich eine tiefe Erschöpfung, ich schloss die Augen und döste ein.

***

Etwas Kaltes berührte meine Hand und weckte mich aus einem Traum, der angenehm wenig mit der jüngsten Vergangenheit zu tun hatte.

„Gertrud, hierher!" Das war die Stimme eines Mannes, der gleich darauf in meinem Blickfeld auftauchte und die schokoladenbraune Jagdhündin zurückrief. Gertrud schnüffelte noch einmal an mir und sah mich aus dunklen Augen freundlich an, bevor sie zu ihrem Herrchen lief.

„Hallo, ich bin Jonas", stellte er sich im sanften Englisch der Skandinavier vor. Verwirrt sah ich nach oben. Der Himmel war bereits fast dunkel, ich musste tatsächlich eine ganze Weile geschlafen haben. „Pennst du hier?" Was dachte er? Dass ich am Strand übernachten wollte?

„Ich? Nein. Muss wohl eingeschlafen sein", murmelte ich und stützte mich auf, um mich zu erheben.

Schmerz durchzuckte meine Hand und als ich sie mit einem Schrei zurückzog, sah ich, dass eine dicke Scherbe in meinem rechten Handballen steckte.

„Scheiße." Das hatte ich auf Deutsch gesagt.

„Zeig mal her." Auch er wechselte jetzt mühelos. Sein Deutsch klang angenehm.

Er hockte sich neben mich und zog mit einer raschen, geschickten Bewegung die Scherbe heraus.

„Autsch!", entfuhr es mir, als er den scharfen Glassplitter entfernte. Die Haut pochte unangenehm.

„Sieht aus wie das Überbleibsel einer der illegalen Strandpartys, die die Jugend hier gerne feiert", meinte er.

Blut lief über meine Finger, tropfte in den Sand. Gertrud kam neugierig näher, setzte sich auf ein Kommando ihres Herrchens aber brav hin.

„Was hast du denn mit deinen Handflächen gemacht? Walnüsse geschält?", fragte mich der Fremde beim Anblick der Verfärbungen.

„So ähnlich, ja", antwortete ich verlegen.

Jonas holte eine kleine Wasserflasche aus seinem Rucksack und spülte den Schnitt aus. Das Blut floss nun reichlicher.

„Das müssen wir verbinden", sagte mein neuer Bekannter. „Halt deinen Arm mal hoch."

Während er ein Taschentuch um meine Hand band, musterte ich ihn. Er mochte so um die Mitte Dreißig sein, trug sein weizenblondes Haar halblang und einen um eine Nuance dunkleren Drei-Tage-Bart. Seine Haut war braun gebrannt, so, als ob er sich schon eine Weile im Süden aufhalten würde.

„Wir müssen das desinfizieren. Ich wohne gleich da drüben, komm mit." Er sagte das so unkompliziert, dass ich mich einfach von ihm hochziehen ließ und mitging.

„Gertrud und ich machen hier immer unseren Abendspaziergang", erklärte er mir. Der Hund sprang gerade begeistert ins Wasser und rannte danach in einem Affentempo voraus am Meer entlang.

„Hier ist es", bedeutete mir Jonas und zeigte auf eines der kleinen, ebenerdigen Häuser, die nur durch eine schmale Straße vom Strand getrennt gebaut worden waren.

Alt aussehende Natursteinhäuser wechselten sich hier mit moderneren Mini-Bungalows ab. Auf den dem Meer zugewandten Terrassen standen und lagen Badeutensilien und tragbare Grills herum. Jonas öffnete ein grün gestrichenes Holztor, das zu einem der schöneren, älteren Häuser führte.

„Es gehört Stockholmer Freunden. Sie haben es mir für diesen Sommer vermietet", erklärte er dabei.

„Was machst du denn den ganzen Sommer über hier?", fragte ich. Ohne darüber nachzudenken, war auch ich auf die unkomplizierte skandinavische Art der Ansprache per Du übergegangen.

„Musik", lautete die lachende Antwort. Gleich darauf stand ich in einem großen Zimmer, in dem zwischen Esstisch, Schrank und Kommode ein Synthesizer stand, am Sofa lehnte eine Gitarre, auf dem flachen Couchtisch lagen Notenblätter verstreut.

Mit einer Geste bedeutete er mir, mich zu setzen. Ich wählte das Sofa und drapierte den langen Rock um meine Beine herum. Jonas war an der offenen Tür stehengeblieben, er pfiff einmal kurz und gleich darauf kam Gertrud angerannt. Sie schaute mit einem bedauernden kurzen Fiepen auf ihr Herrchen, ließ sich dann aber brav in einem Hundekorb nieder.

„Ein schöner Hund", sagte ich.

„Ich liebe sie", antwortete Jonas und ging ins Bad. Er kehrte mit einer Flasche Desinfektionsmittel und Verbandszeug zurück.

„Wir sind einander auf Karpathos begegnet, Gertrud und ich. Sie war damals noch ein Welpe und ihr Besitzer hatte sie in einem kleinen Verschlag angebunden. Mit einer Wasserschale, die fast ständig leer war und einem Kanten verschimmeltem Brot."

„O mein Gott, das ist ja furchtbar."

„Das fand ich auch. Ich habe mir das Ganze drei Wochen lang angesehen. Jeden Tag auf dem Weg aus dem Dorf hinaus ans Meer kam ich dort vorbei. Es fing damit an, dass ich ihr Wasser brachte. Dann etwas zu fressen und schließlich bin ich ihretwegen sogar kriminell geworden. Ich habe sie nämlich am letzten Tag meines Urlaubs gestohlen und mitgenommen. Ein kleines Bündel Haut und Knochen, voller Ungeziefer, kränklich und schwach. Erst als ich sie wieder aufgepäppelt hatte, sah ich, wie schön sie ist."

Ich sah zu dem Hund hinüber, dessen kurzes Fell im Schein der kleinen Lampe moccafarben schimmerte.

„Das tut weh!", rief ich gleich darauf aus. Jonas hatte begonnen, meine Wunde mit dem Desinfektionsmittel zu behandeln, und es brannte wie Feuer.

„Nichts da, hiergeblieben." Er hielt meine Hand fest, die ich automatisch zurückgezogen hatte und machte trotz meiner halbherzigen Proteste weiter. Danach klebte er geschickt ein Pflaster auf die Wunde.

„So, das dürfte gehen. Bist du geimpft?"

„Geimpft? Ach so, Tetanus, ja."

„Gut. Wein?"

Seine Augen waren irgendetwas zwischen blau und grün und machten mich neugierig.

„Warum nicht?"

Er stand auf und ging in die Küche. Dieses Mal schaute ich ihm hinterher und stellte fest, dass sein Hintern in der Jeans ziemlich knackig wirkte.

Hanni, reiß dich zusammen. Du bist nicht Gila, und der Kerl ist einfach viel zu jung für gedankliche Verrenkungen im erotischen Bereich.

„Welche Art von Musik machst du?", lenkte ich meine Gedanken in eine andere Richtung.

„Am liebsten harten Rock, mit einer Band. Ich bin dort Schlagzeuger. Wir haben eine Fanbase, aber sind kommerziell bisher nicht wirklich erfolgreich. Mein Geld verdiene ich mit Jingles, kleinen Einspielern für Werbung oder als Sound für Homepages von Unternehmen."

Er kam mit einer Flasche Weißwein und zwei Gläsern zurück, hockte sich mit gekreuzten Beinen zu meinen Füßen auf einen bunten marokkanischen Pouf, der vor dem Sofa am Boden lag.

„Soave, ganz kalt und leicht."

Wir blickten uns einen Moment lang in die Augen. Ich sah sofort wieder weg, weil mir in diesem Moment der Raum ziemlich klein vorkam.

Ich musterte meine Umgebung genauer. Eine schmale Küche, deren Tür weit offenstand und in der es beruhigend ordentlich aussah. Zwei weitere Türen, eine führte wohl ins Badezimmer, hinter der anderen vermutete ich das Schlafzimmer.

„Woher kannst du so gut Deutsch?", wollte ich wissen.

„Zwei Jahre Berlin als Studiomusiker, gleich nach meinem Studium. War eine ziemlich lässige Zeit. Was machst du hier? Urlaub?" Jonas prostete mir zu und wir tranken einen kleinen Schluck von dem Wein.

„Ja. Also – nein. Nicht wirklich. Ich habe hier etwas zu erledigen", schwurbelte ich herum. Keine Lust, diesem netten Kerl die unerquickliche Wahrheit über mein Hiersein zu verraten.

„Okay", sagte er langsam und grinste. „Falls du ein Haus suchst, ich glaube, einige hier in der Reihe sind noch zu vermieten."

Ohne meine Antwort abzuwarten, beugte er sich vor und zog eine Schachtel unter dem Sofa hervor. Gleich darauf zündete er sich eine augenscheinlich selbstgedrehte Zigarette an und inhalierte tief. „Willst du auch?"

Sofort erkannte ich den dunkel-würzigen Duft. Himmel, dieser Jonas bot mir einen Joint an. Wie kam er denn darauf, dass ich darauf aus sein könnte? Ich, Hanni Roos, gerade 55 geworden, verwitwet, fast schon alt und gefühlsmäßig dazu noch grau, erst seit Kurzem konfrontiert mit einem zwanzig Jahre alten Seitensprung meines Ex-Gatten? Ich stellte mein Glas ab, setzte mich kerzengerade hin und wollte gerade zu einer verlogenen Moralpredigt ansetzen, als mein Blick auf den Spiegel fiel, der an der Wand über einem Lowboard hing. Genau gegenüber der Couch, auf der ich saß. Einen Moment dauerte es, bis ich begriff, dass ich die Frau war, die mir von dort entgegenblickte. Auch wenn sie aussah wie eine Fremde. Ich trug mein halblanges Haar offen, die Wellen darin wirkten auf eine lässige Art unordentlich. Wow! Das sollte ich öfter mal so machen. Statt wie gewohnt mit Föhn und Festiger glattgezogen, war meine Frisur durch Sonne und Wind getrocknet worden und verlieh mir ein verwegenes Aussehen. Meine dunkel umrandeten Augen wirkten verrucht, das Hippie-Batik-Flatterhemd schien direkt aus den 1970-er Jahren zu stammen. Immer noch sprachlos über mein verändertes Äußeres hob ich die Hand und schob mir eine Haarsträhne aus der Stirn. Die Frau im Spiegel tat es mir gleich.

Verdammt, ich sehe aus wie eine in die Jahre gekommene Hippiemaus! Kein Wunder, dass er mich gefragt hat, ob ich am Strand schlafe.

„Was ist?" Der Schwede hielt mir den Joint hin und ich nahm ihn.

„Ist doch nicht dein erstes Mal?"

„Nein, das nicht. Das letzte Mal ist aber schon eine ganze Weile her."

Eine ganze Weile, das war gut! Vermutlich mindestens vierzig Jahre. Vorsichtig hob ich den Joint an die Lippen und zog zaghaft daran. Ein Hustenanfall war die Antwort. Würgend und mit Tränen in den Augen gab ich die Tüte an Jonas zurück.

„Kommt nicht infrage", grinste der. „Zieh noch mal richtig daran und behalte den Rauch ein bisschen in den Lungen." War es der Übermut, der mich packte? Langsam sog ich den Rauch ein und atmete ihn erst nach einer Weile wieder aus.

„Jetzt ist gut", sagte ich, als ich ihm das Teil zurückreichte. „Bin ich echt nicht mehr gewöhnt."

„Wann war denn dein letztes Mal?"

War der aber neugierig!

„Irgendwann Ende der siebziger, Anfang der achtziger Jahre", antwortete ich.

Jonas hob die Brauen und schaute mich von oben bis unten an. „Wirklich?"

„Ich bin älter, als ich heute Abend aussehen", sagte ich mit einem so tiefen Ernst, dass wir beide sofort lachen mussten.

„Dann bin ich aber froh, dass ich dich heute Abend kennengelernt habe." Er schaute durch den Rauch hindurch mit einem frechen Grinsen zu mir herüber.

Ich hob mein Glas und trank ein paar Schlucke Wein. Das Haschisch brannte ganz schön in meiner Kehle. Hatte ich das früher wirklich mal eine Zeit lang geraucht? Zaghaft kamen einige Erinnerungen aus den Schlupfwinkeln, in denen sie Jahrzehnte lang verstaubt waren.

„War eine wilde Zeit damals", hörte ich mich sagen. „Die Siebziger mit Flower Power und psychedelischer Musik wirkten noch nach. Die Generationen waren noch im Aufbruch. Wollten etwas anderes schaffen als Eltern und Großeltern. Den Krieg kannten wir nicht, meine Generation hat vom Wirtschaftswunder profitiert. Wir sind überwiegend ohne finanzielle Sorgen groß geworden. Alles schien möglich, es gab Sicherheit und gleichzeitig einen großen Wunsch nach anderen Dingen, die uns wichtig waren. Dauerhafter Frieden, Liebe, Toleranz. Eine Gesellschaft, die sich nicht nur über materielle Dinge definiert, sondern dazu noch höhere Ziele hat. Wir suchten die Spiritualität in den Dingen, auch in den weichen Drogen."

Letzteres war allerdings nur eine sehr kurze Phase in meinem Leben gewesen. Er reichte mir den Joint noch einmal, ich nahm ihn. Jetzt tat er gut, machte mich so leicht, durchlässig.

„*Make Love not War*, solche Dinge." Auf einmal färbten sich die Worte in meinem Kopf bunt. „Kennst du Scott McKenzie? San Francisco?"

„Aber ja, kenne ich. Ich bin Musiker." Er lächelte und drückte den abgerauchten Joint aus. „Ist aber nicht unbedingt mein Musikstil."

„Okay. Lass mich raten." Ich hob den Finger und dachte nach. „Rory Gallagher? Pink Floyd? The Doors?"

„Nicht schlecht", lachte er. „Ist das die Musik, die du mochtest?"

Ja, die mochte ich, auch wenn ich es zwischenzeitlich vergessen hatte.

„Jim Morrison fand ich cool", kicherte ich, „ich hing als Teenager noch der Zeit nach, die damals auch schon zu Ende ging." Das Bild des Musikers mit dem lockigen dunklen Haar und engen Lederhosen stand mir plötzlich wieder vor Augen. Mit einem bittersüßen Gefühl erinnerte ich mich an meine eigene Jugend. Sie war schon so lange her ... Kurz blitzte sie wieder auf, die Erinnerung an diese Zeit der Verheißungen, Träume und an das Gefühl, die Welt anhalten oder sich schneller drehen lassen zu können. Ganz wie man wollte. Es war die Zeit, in der so vieles möglich schien.

„Meine absoluten Favoriten sind Led Zeppelin. Diese Musik ist einfach unglaublich", unterbrach Jonas meine Gedanken.

„O Gott ja, die waren auch super. Ich kann mich an ein Konzert erinnern ..."

„Du warst bei einem Led Zeppelin Konzert?" Er riss die Augen auf. „Das ist ja der Wahnsinn. Wie ich dich darum beneide! Wie heißt du eigentlich?"

Hatte ich mich noch nicht vorgestellt? In meinem Kopf purzelten die Gedanken übereinander.

„Hanni heiße ich. Hanni Roos."

„Willkommen in meiner Welt, Hanni Roos. Ich heiße Jonas, wie du schon weißt. Jonas Karlsson."

In einer übertriebenen Geste standen wir kurz auf und gaben uns die Hand. Jonas machte einen knappen Diener und lachte. Er hatte schöne Zähne und kleine Grübchen am Mundwinkel. Verlegen zog ich meine Hand zurück. Wir standen wieder so nah beieinander, dass mir ganz komisch im Bauch wurde.

„Hanni klingt wie Honey, Honig", sagte Jonas träumerisch, nachdem wir uns wieder gesetzt hatten.

„Und Roos wie Rose", fuhr er fort.

"Eine Herbstrose, spät erblüht", kicherte ich. In meinem Kopf schien die Sonne durch ein rosa Tuch

„Na ja, besser spät als nie", Jonas lächelte erneut. „Apropos Led Zeppelin. Ich bin übrigens ein großer Fan von Jon Bonham. Einer der legendärsten Drummer ever. Wie war das Konzert, das du besucht hast?"

Wie genau war es damals gewesen? Meine Gedanken wanderten zurück auf bunten Pfaden, die sich plötzlich in meinem Kopf durch Zeit und Raum schlängelten.

„Ich war noch nicht mal fünfzehn", begann ich stockend zu erzählen. „Meine Eltern hätten mir nie erlaubt, ein Rockkonzert zu besuchen." Waren das Zeiten gewesen! Jeder Discobesuch wurde zu einem Drama. Led Zeppelin war damals meine absolute Lieblingsband gewesen, die nur sehr wenige Konzerte gegeben hatte. Ich hatte gewusst, ich musste dahin! „Also habe ich zu einer Notlüge gegriffen. Gesagt, ich übernachte bei meiner besten Freundin. Sie hat ihren Eltern dasselbe erzählt. Dann sind wir losgetrampt in die Großstadt."

„Du warst ein bisschen verwegen, oder?"

War ich das gewesen? Auf jeden Fall hatte ich gegen meine strengen Eltern rebelliert. Und es bis zu diesem Moment schon gar nicht mehr gewusst.

„Eigentlich war ich immer eher ein Angsthase", verkündete ich lahm. „Aber ich war total verknallt in Robert Plant. Da war auf einmal alles andere egal." Auch das war mir vierzig Jahre lang entfallen gewesen. Ich fuhr mir durch die lockigen Haare und erzählte weiter. „In der Zeit waren die Hallen noch nicht so extrem überfüllt wie heute. Es war ein bisschen so wie ein großes Treffen mit Gleichgesinnten. Locker, unkompliziert. Wir trafen uns mit unserer Clique dort. Jemand breitete einen alten Schlafsack auf dem Boden aus, auf den wir uns setzten. Damals wurde überall noch geraucht, Zigaretten, und natürlich wurde auch gekifft. An die Vorband kann ich mich nicht mehr erinnern, es waren Lokalgrößen, die den Saal richtig aufheizten."

„Hey, das kommt mir bekannt vor. So geht es uns manchmal auch, ich trommle, was das Zeug hält, aber alle warten nur auf den Hauptgig." Jonas tat, als halte er Drumsticks in der Hand und machte dumpfe Geräusche dazu.

„Dann kamen sie", fuhr ich fort. Wie gestern sah ich Robert Plant vor mir, der mit unanständig engen Hosen und seiner Lockenmähne sofort einen kollektiven Kreischanfall auslöste. Bei den Frauen wie bei den Männern ...

Auf einmal war ich wieder 15 und hatte dieses Kribbeln im Bauch. Cool und mutig war ich mir vorgekommen. Natürlich hatte damals auch ein bisschen Angst mitgespielt. Die aber sofort vergessen gewesen war, als die Musik eingesetzt hatte.

„Sie spielten das erste Stück, eine Rauchwolke erhob sich über den Menschen im Saal, ein paar Frauen begannen zu tanzen."

Wir trugen unser Haar lang, dazu Stirnbänder. Flatterröcke, Batikhemden, Jeans und Parkas bildeten die Uniform. Wir rochen nach Patschuli und trugen dunkles Kajal um die Augen, aber keinen Lippenstift. Beiläufiges Selbstverständnis bildete das Privileg der Jugend damals. Wir waren neugierig aufs Leben und glaubten gleichzeitig zu wissen, was wir wollten.

„Muss ziemlich gut gewesen sein, dieses Konzert." Jonas spielte nachdenklich mit dem Saum seiner Jeans.

„O ja!" Ich lachte laut auf. „Vor allem der Heimweg. Ich war fast taub und meinte noch Stunden später, die Bässe durch meinen Körper rollen zu fühlen."

Trotzdem, es war ein Wahnsinnsgefühl gewesen. Dieser kollektive Rausch. Jetzt schickte die Erinnerung kleine elektrische Impulse unter meine Haut.

„Heute gehe ich nicht mehr so häufig auf Konzerte", fügte ich nach einer Weile seufzend hinzu. Natürlich nicht, jedes Lebensalter hatte eben seinen eigenen Rhythmus.

Jonas schenkte uns Wein nach, bevor er wissen wollte, was aus unseren damaligen Idealen geworden war.

„Warum habt ihr die Welt nicht verändert, so, wie ihr es vorhattet?"

„Ach Gott. Die Welt. Die lässt sich nicht so leicht verändern. Aber einiges hat unsere Generation schon in Bewegung gebracht. Abrüstung, Umweltbewusstsein, Toleranz."

„Freie Liebe?" Er grinste.

„Das vielleicht eher bei euch in Schweden. Ihr Skandinavier galtet damals, und geltet ja noch heute, als besonders freizügig."

„Wirklich?" Er lachte. „Das ist mir gar nicht so bewusst. Vielleicht waren wir einfach ein bisschen früher lockerer als andere Nationen. Wir lieben es ein wenig entspannter."

Eine kleine Pause entstand, Gertrud atmete einmal schwer aus, als müsse auch sie das Gesagte verdauen.

„Was ist aus deinen eigenen Träumen geworden? Wie hast du dir das Leben damals vorgestellt?"

„Das ist nicht schwierig zu beantworten. Mein Wunsch war es, eine Familie zu gründen. Kinder zu haben."

„Und danach?"

„Wie, danach?" Erschrocken sah ich auf. Danach. Wonach? Gleichzeitig wusste ich sofort, was er meinte. Kinder werden erwachsen, sehr schnell, unter

Umständen. Meine Tochter war inzwischen schon lange aus dem Haus. Hatte ich als junge Frau jemals Pläne gehabt, was ich anschließend noch vom Leben wollte?

„Man ist ein Leben lang Mutter", antwortete ich lahm.

Jonas lachte kurz auf, nicht unfreundlich, eher erstaunt.

„Ja, aber Kinder sind nicht ein Leben lang Kind."

„Bist du denn schon Vater, dass du das beurteilen kannst?"

„Nein. Aber ich bin Sohn."

Sein Lächeln lud mich ein, mich nicht angegriffen zu fühlen.

Ich seufzte und trank noch etwas von meinem Wein. Mehr Erinnerungen tauchten auf, immer noch so lebendig, als wäre ich erst vor ein paar Tagen jung und unbeschwert gewesen. Und unbeschwert teilte ich jetzt diese Erinnerungen mit einem fast völlig Fremden. Wir lachten viel dabei, als ich über erste Urlaube ohne Eltern, erste Küsse und die Sorglosigkeit, mit der wir damals per Bahn oder Anhalter durch ganz Europa gereist waren, berichtete. Dabei stellte ich schnell fest, dass wir dieselbe Art von Humor besaßen. Irgendwann war es draußen bereits völlig dunkel geworden. Es schien ihn nicht zu stören, dass ich noch immer da war. Und mich störte es auch nicht, im Gegenteil. Ich schaute ihm gelassen zu, als er einige Kerzen anzündete und noch eine Flasche Wein öffnete. Irgendwann kamen wir wieder auf die Hippiezeit.

„Mich hat die Zeit immer fasziniert. Nicht nur wegen der Musik.", fuhr Jonas fort.

„Damals hatten die Männer auch so lange Haare wie du. War das ein Aufreger!" Ich kicherte.

„Und die Frauen hatten alle so sanfte Gesichter und wirkten so entspannt. Ein Schönheitsideal, das mir sehr gefällt", ergänzte Jonas.

„Entspannt, na ja. Viele meiner Klassenkameradinnen waren magersüchtig", erinnerte ich mich. „Es war diese Zeit, die nach Twiggy losging. Wir alle wollten dünn sein. Gottlob ging der richtige Fitnesswahn erst später los. Ich würde mich nicht wohlfühlen, jetzt noch einmal jung zu sein, mich mit Frauen messen zu müssen, die jeden Tag stundenlang trainieren, um jeden Muskel optimal hervorzuheben und dazu den ganzen Tag nur Proteinshakes trinken. Oder mit Promifrauen, die per Photoshop zurechtgezurrt und gefaked werden."

„Ist auch nicht schön", erklärte der junge Kerl vor mir unaufgeregt. „Jedenfalls nicht für mich. Attraktivität hat ganz andere Aspekte."

„Ach ja? Welche zum Beispiel?" Jetzt war ich aber mal gespannt.

„Charme ist wichtig. Und Witz. Ich mag Frauen, die sich und die Welt nicht immer so ernst nehmen. Ganz oben auf der Liste steht Sinnlichkeit. Dazu gehört auch, Dinge genießen zu können."

„So, wie Wein und Dope?" Ich lächelte neckisch.

„Ja, und wie Essen. Und Musik. Und Sex."

Ups, fast hätte ich meinen Wein verschüttet.

Bilde dir nichts ein, Hanni. Er meint das eher generell und bestimmt nicht auf dich gemünzt.

Eine Gesprächspause entstand, in der Jonas aufstand und zu einem CD-Player auf der Kommode schräg hinter mir ging. Gleich darauf ertönte eine Melodie, die ich auch nach so langer Zeit noch als den Anfang von D'Yer Mak'er identifizieren konnte.

Jonas summte leise mit, als er sich mit funkelnden Augen wieder auf seinem Pouf niederließ

Wie spät ist es eigentlich?, fragte ich mich und im selben Moment setzte eine unangenehme Verspannung in meinem Rücken ein. Unsicher sah ich zu dem jungen Mann hinüber, der mich gerade ziemlich aus dem Konzept brachte.

„Bleib entspannt, Honey", meinte er und legte beiläufig seine Hand auf meinen Fuß.

***

Jonas' Hand war trocken und warm und ein kleines bisschen rau. Aber das war es nicht, was einen leichten Hitzeflash in mir auslöste. Es war sein Griff, der fest, aber nicht unangenehm war. Ich mochte diesen Skandinavier, den ich eben erst kennengelernt hatte, auf eine schwer definierbare Weise. Weniger wie einen guten Freund, mehr wie jemanden, der einem einfach nur sympathisch ist.

„Deine Füße sind so klein", murmelte er und umspannte wie zum Beweis meinen Fuß mit seiner Hand. Der sanfte Druck auf meinen Spann tat gut und ich atmete tief aus. Was hatte man von einem Mann zu befürchten, dessen Berührungen so angenehm waren?

Jonas' Daumen fing an, auf meinem Fußrücken zu kreisen. Sanft rieselte die Verzückung meinen Rücken herauf und hinunter. Er streifte mir die Sandale ab, es machte leise „plopp", als sie zu Boden fiel. Er hielt meinen Fuß in beiden Händen. Strich über meine

Zehen. Schob seine Finger dazwischen, ließ sie vor und zurück gleiten. Es war, als habe er eine mir bis dahin völlig unbekannte erogene Zone entdeckt. Die Spannung kroch hoch bis zu meiner Kopfhaut. Ich ließ meinen Kopf nach hinten sinken und seufzte tief.

Zehn Finger tasteten sich sanft über Fußsohle und Rist, hinauf bis zu den Knöcheln und wieder zurück. Griffen nach dem zweiten Fuß, massierten auch ihn. Mir war, als fiele ich in ein Bad aus warmem Öl.

Eine Hand glitt unter dem Rock an meinem Schienbein nach oben, bis zum Knie. Kraulte es vorsichtig mit vier Fingern, während der Daumen auf der Kniescheibe kreiste. Ich öffnete zittrig meine Lider und sah in zwei unternehmungslustig funkelnde Augen. Ich spürte, wie mich dieser Blick traf, durchströmte, erwärmte.

„Willst du bei mir bleiben, heute Nacht?" Seine Stimme klang offen und fragend, sonst nichts.

„Also, ich weiß gar nicht, ob ich das kann", stotterte ich. Wie wahnsinnig war das denn? Von einem derartig jungen Mann gefragt zu werden …

„Ob du was kannst? Leben?" Er ließ meine Beine los und beugte sich kurz zu mir. Sein Haar kitzelte meine Wangen, als er mich küsste. Sein Kuss schmeckte jung und stark, nach Wein und Harz. Sein Duft stieg mir in die Nase. Ein Duft nach Salz und Haut. Nach Mann. Es ging mir durch und durch. Wann hatte ich mich das letzte Mal so gefühlt? So schwerelos und wild, hingabebereit und hemmungslos?

Er zog sich zurück und grinste mich spitzbübisch an.

Ich spürte seine Fingerspitzen auf meinem Hals, am Schlüsselbein, an der Schulter. Sie strichen an der

Kante meines Hippieshirts entlang und entzündeten kleine Feuer auf meiner Haut. Ich konnte nicht anders, ich gab Laute von mir. Laute, die ihm zeigten, wie sehr mir das gefiel! Seine Hand glitt tiefer, folgte dem Schwung meiner Brust. Landete auf der Spitze und schien sie durch seine sanfte Berührung in saftige Himbeeren zu verwandeln!

„Oh", seufzte ich entzückt. Verstand und Gefühl rangen auf einmal heftig miteinander. Dinge wie *„Das kann nicht gut gehen, Hanni. Er ist jung und Frauen seines Alters bestehen im Gegensatz zu dir ohne Weiteres den Bleistifttest"* und *„Gibt es eigentlich Schamhaarperücken und wenn ja, wo bekomme ich jetzt ganz schnell eine her?"*, schossen mir durchs leicht vernebelte Hirn.

Jonas arbeitete derweil an der anderen Front. Er knabberte sanft an meinem Ohr und knetete meinen Po. Das war eindeutig ... sexy!

Dann meldete sich das letzte Mal mein Verstand zu Wort.

„Aber meine Kleider behalte ich an", murmelte ich, in den erneuten Kuss und das nun energischere Vorgehen an meinen Hüften hinein.

„Wie du möchtest, jeder hat eben seine Grenze", antwortete Jonas, bevor er mich mit einem energischen Ruck ganz aufs Sofa und unter sich zog und mit wild begehrlichem Blick ansah.

„Ich will dich!", sagte mir dieser Blick so deutlich, als habe Jonas die Worte mit funkelnden Feuerwerkskörpern in die Luft geschrieben.

Unter seinen Berührungen wurde meine Haut zu flüssigem Honig. Seine Lippen entdeckten eine für Zärtlichkeiten äußerst empfängliche Stelle hinter meinem Ohr und danach die kleine Grube unterhalb meines Halses, so etwas wie ein geheimnisvoller Punkt auf der Landkarte meiner erogenen Zonen, der sofort Signale in weitere, teilweise weit entfernt liegende Stellen funkte. Als ich seine Hände auf meinen Hüften spürte, fing ich an zu schnurren und mich zu rekeln wie ein Kätzchen.

Wir liebten uns zu „Kashmir", es war der richtige Rhythmus.

Wir liebten uns zu „All my love", es waren die richtigen Worte.

Wir liebten und zu „Stairway to heaven", es war die richtige Erinnerung.

Und wir liebten uns zu „No Quarter", es war die richtige Stimmung.

Wir lieben uns zu sämtlichen anderen Songs des auf „unendlich" gestellten Albums, bis schließlich Robert Plants gefühlvoll schmachtende Stimme zum wiederholten Male in die Nacht hinausschmetterte, er werde sein Babe verlassen.

Ich jedoch blieb und schlief extrem entspannt an der breiten, wundervoll warmen Schulter meines schwedischen Lovers ein.

10

Am nächsten Morgen erwachte ich in dem belebenden Gefühl, das sich aus gelebter Abenteuerlust speiste. Jonas schlief, ganz ruhig. Das dünne Laken war ihm bis zum Bauchnabel gerutscht. Ich betrachtete seinen festen, sportlichen Körper. Er sah aus wie ein junger Gott, so attraktiv. Hätte ich nicht verliebt sein müssen? Ein bisschen traurig, dass wir uns gleich wieder trennen würden? Während ich dasaß und ihn ansah, merkte ich, wie entspannend es sein konnte, wenn mal keine Gefühle im Spiel waren. Er war sympathisch, attraktiv und sexy. Das musste reichen.

Vorsichtig stand ich auf, angelte nach meiner Unterwäsche und tappte ins Bad. Ein paar skandinavische Körperpflegemittel standen dort, ich hob ein Duschgel hoch, es roch nach Farn und Moos und Wildnis. Schnell wusch ich mich am Waschbecken notdürftig, verstrich die Reste des blauen und offensichtlich nicht nur wasser- sondern auch weitgehend wischfesten Eyeshadow über meine Lider. Ließ meine Frisur wie sie war und ging hinüber ins Wohnzimmer. Jonas wurde wach. Er rekelte sich und lächelte zu mir hinüber.

„Gehst du?"

„Ja, ich fürchte, meine Freundinnen werden sich schon Sorgen um mich machen." An die beiden hatte ich am Vorabend gar nicht mehr gedacht. Wozu auch? Sieglinde tanzte Foxtrott und spielte Rommee. Gila hatte ihren schmachtenden Italiener. Ob sie und er heute Nacht ebenfalls ...? Schnell vertrieb ich den

Gedanken wieder, es war mir unangenehm, über das Liebesleben meiner Freundinnen zu spekulieren.

„Es war ein toller Abend." Ich ging zu Jonas hinüber und drückte ihm einen Kuss auf die Wange.

„Und eine tolle Nacht." Er setzte sich auf und zog mich zu sich herunter, strich mir durchs Haar und küsste mich noch einmal kurz und schnell auf den Mund.

Als ich das Haus verließ, lag noch der Duft der Nacht in der Luft. Der Sand knirschte, er lag feucht und kühl unter meinen Füßen. Während ich den menschenleeren Strand entlanglief, wärmte mich die Erinnerung an die vergangene Nacht. Unter meinen Fingerspitzen meinte ich noch Jonas' glatte, feste Haut zu spüren. Seinen Atem an meinem Hals, seine kräftigen Hände, die zu erstaunlichen Dingen fähig waren und meinen Körper aus einem jahrelangen Tiefschlaf geweckt hatten. Genau so kam ich mir vor. Wie jemand, der zu lange zu tief geschlafen hatte und jetzt auf angenehme Weise aufgeweckt worden war. Ein Lächeln stahl sich auf meine Lippen, fast ohne es zu merken begann ich, vor mich hinzusummen.

„Oh oh oh oh."

Zwei Häuser weiter vor mir trat jemand auf die dem Meer zugewandte Terrasse hinaus. Dieser Jemand wedelte mit den Armen nach oben, machte ein paar ungelenke Kniebeugen und ächzte dabei laut und angestrengt. Ich war fast schon an ihm vorbei, als ich ihn erkannte. Im selben Moment wandte auch er den Kopf und sah mich. Keine Chance, mich zu verstecken.

„Herr Schönhuber, guten Morgen", sagte ich und wollte schnell an ihm vorbeihuschen.

„Häh?" Er schaute mich einen Moment lang verwirrt an, bevor er mich in meinem Aufzug erkannte.

„Honey!" ertönte es im selben Moment hinter mir. Ich drehte mich um, Schönhubers Kopf ruckte in dieselbe Richtung. Jonas kam über den Strand gelaufen, nackt, wie Gott ihn schuf. Er war bei mir, noch bevor ich dazu kam, irgendetwas zu sagen oder zu tun. In Ohnmacht zu fallen, zum Beispiel.

„Du hast deinen Schal vergessen", lachte er und drückte mir einen Meter bunte Seide in die Hand. „Und hier meine Anschrift, falls du mal nach Stockholm kommst."

Ich sah sein Haar, roch seine Haut, fühlte noch immer seine Berührungen auf meinem Körper und jetzt überkam mich doch so etwas wie Bedauern. Dennoch rief mich mein Verstand beim Namen. Beim richtigen. Hanni.

„Das wird wohl nicht gehen", seufzte ich.

Er tippte mit dem Zeigefinger auf meine Nasenspitze. „Ich meine nicht für Sex, also von mir aus gerne, aber nur, wenn du auch willst. Darüber hinaus bin ich auch ein verdammt guter Fremdenführer. Und ich mag dich. Sehr sogar." Er küsste mich noch einmal, kurz und gut, bevor er zurückrannte. Gerade rechtzeitig, weil nun eine Kleinfamilie voller Frühaufsteher den Strandabschnitt betrat und suchend um sich blickte. Ich sah seinen perfekt geformten Po verschwinden und konnte nicht anders, als wieder zu seufzen. Als ich den Blick hob, fiel er auf Schönhuber, der noch immer wie angewurzelt auf seiner Terrasse stand.

„Alle Achtung", presste er hervor. „Das hätte ich Ihnen nicht zugetraut."

***

Im Hotel befanden sich alle noch im Ganz-früh-am-Morgen-Modus. Zwei Mitarbeiter am Empfang unterhielten sich leise, eine Angestellte wischte wie in Trance den Steinfußboden am Durchgang zum Innenhof, ein Paar saß schweigend und Zeitung lesend in der Lobby.

Auf meinem Zimmer angekommen, ging ich sofort duschen. Dank des erneuten Einsatzes meiner Peelingpaste wirkte ich danach fast schon wieder wie ein Mensch. Als ich vor dem Spiegel stand, konnte ich nicht anders, ich musste von einem Ohr zum anderen grinsen.

Hanni Roos, die bist mir vielleicht eine, tadelte ich mich und versuchte einen divenhaften Augenaufschlag. Ein dunkler Fleck an meiner linken Schulter zog meine Aufmerksamkeit auf sich. Was war das? Als ich es erkannte, wurde ich doch tatsächlich rot! Jonas hatte mich in die Schulter gebissen. Ich sah das Mal an wie eine Trophäe. Echte Leidenschaft, nicht geträumt!

Als ich eine halbe Stunde später den Frühstücksraum betrat, saß Sieglinde schon an unserem gewohnten Platz. Vor sich ein kleines Frühstück und daneben eine Zeitschrift, die sie aufmerksam studierte.

„Na, was sagen die Sterne?" Ich stellte meinen Teller mit Brötchen, Butter und Schinken schwungvoll auf den Tisch.

„Wie? Äh, also bei dir steht, du sollst den Augenblick genießen."

Oho, die Sterne lügen also doch nicht.

Dann fiel mir noch etwas auf. „Du hast deine eigene Kleidung an."

„Ja. Der junge Mann aus der Pension ist gestern gekommen und hat mir meinen Koffer mitgebracht."

Jetzt fiel der Groschen. Es war der Italiener, mit dem ich Gila gesehen hatte. Der von der Bar. Ein hartnäckiger Verehrer also, der nicht nur Sieglindes Gepäck gebracht, sondern die Gelegenheit genutzt hatte, den abgebrochenen Flirt mit Gila fortzusetzen. Schmunzelnd blickte ich auf meinen Teller. Sieglinde sah angespannt zu mir herüber. Es dauerte einen Moment, bis ich wusste, wieso. Sie musste sich Sorgen gemacht haben um mich!

„Also, wegen gestern Abend", setzte ich zu einer Beichte an. Beichte light allerdings nur, denn die volle Wahrheit über schweißnasse Körper, leidenschaftliche Küsse, sinnliche Laute, fast vergessene Stellungen wollte ich ihr doch nicht zumuten.

„Ja, Hanni. Das tut mir leid." Sieglinde tupfte sich dezent einen Krümel vom Mund, bevor sie sich über den Tisch beugte und meine Hand ergriff. „Ich weiß ja, dass du mich brauchst. Aber Berthold, also Herr Weber, also wir beide ...", sie unterbrach ihre stockende Rede, um neu anzusetzen. „Es wurde sehr spät gestern Abend. Deshalb war ich nicht zum Essen zurück."

„Ach?", sagte ich überrascht. „Ich dachte, du wärest beim Canasta-Nachmittag. Geht das denn so lange?"

„Wir waren danach in einem netten, kleinen Lokal. Die Zeit verging wie im Flug." Eine leichte Röte legte sich über Sieglindes Wangen und sie spielte nervös mit dem Messer.

„Sieglinde, hast du etwa die Nacht außer Haus verbracht?" Ich hauchte meine Frage geradezu, aber

Sieglinde reagierte, als habe ich sie hinausgebrüllt und schaute hektisch um sich.

„Natürlich nicht, was denkst du denn von mir", zischte sie mir zu, bevor sie sich demonstrativ aufrichtete.

„Wir verstehen uns gut, und es war ein netter Abend. Einfach nur ein wenig spät."

„Okay", sagte ich und tätschelte ihr beruhigend die Hand. Noch kam ich nicht dazu, meine eigene Beichte abzulegen, denn hinter mir machte sich meine zweite Reisebegleiterin bemerkbar.

„Morgen, Mädels!" Gila kam herangestürmt. Sie trug eine pinkfarbene Jeans und darüber ein weißes T-Shirt, auf dem zwei Zwetschgen abgebildet waren. An jeder anderen Frau über vierzig hätte diese Kombination albern ausgesehen, nicht an Gila.

„Tut mir leid", flötete sie und bediente sich aus den Kannen auf unserem Tisch mit warmer Milch und Kaffee. „Ich hoffe, ihr habt mich gestern Abend nicht allzu sehr vermisst."

Sieglindes Augenbrauen hoben sich bis zum Haaransatz und ich hörte auf zu kauen.

„Wie jetzt? Du warst auch nicht da?" Sieglindes Blick schoss zwischen Gila und mir hin und her. „Aber Hanni, dann warst du ja ganz alleine gestern. Warum hast du denn eben nichts gesagt?", wollte sie von mir wissen.

„Ich? Also, ich habe das Abendessen einfach ausfallen lassen", umschrieb ich die Wahrheit großzügig. Eigentlich hatte ich ja gar nichts gegessen von ein bisschen Brot und Salami mal abgesehen. Das hatte Jonas uns irgendwann zwischendrin ans Bett geholt, wo wir uns gegenseitig gefüttert hatten, bevor wir ... das zweite, oder war es bereits das dritte Mal gewesen ...? Oh, oh, oh. *Honey Rose*, Sexgöttin ...

„Hanni?", holte mich Gila aus meinen süffigen Erinnerungen.

„Äh, was?"

„Ob es okay ist, wenn ich nach dem Frühstück kurz mit Luca in seine Galerie nach Laigueglia fahre? Dort stellt ein Künstler aus, von dem ich schon lange ein Bild kaufen wollte, und heute ist der letzte Tag."

Also Luca hieß der Bilderbuchitaliener und er führte mit einem Freund eine Kunstgalerie. Nicht schlecht. Gila war ein Kunstfan. Ob sie auch eine Bisswunde an der Schulter hatte? Man konnte nichts erkennen.

„Hey, was starrst du mich so an?" Sie schüttelte verständnislos lachend den Kopf.

„Hast du die Nacht mit ihm verbracht?", fragte meine Neugier, bevor sich der Verstand einschalten konnte. Womöglich kreiste noch ein Rest Haschisch in meinem Kopf herum.

„Umpf", machte Sieglinde und ließ vor Schreck ihr Messer fallen.

„Sag mal Hanni, geht's noch?" Gila tippte sich dezent gegen die Stirn. „Erstens geht dich das nichts an. Zweitens haben wir uns über Kunst unterhalten und drittens habe ich ihn doch erst vorgestern kennengelernt."

Muss man das so eng sehen?

Jetzt hatte ich es wenigstens geschafft, dass sich Gila und Sieglinde einmal einig waren und einen tiefen, verständnisvollen Blick wechselten. Was sie wohl sagen würden, wüssten sie, was ich in der zurückliegenden Nacht getrieben hatte?

Doch zunächst lag mir etwas anderes auf der Seele.

„Ich würde euch beide heute Abend gerne zum Essen einladen. So richtig italienisch und schick. Zum Dank dafür, dass ihr mitgekommen seid und mir beisteht. Ich hoffe, ihr habt Zeit?"

Ja, hatten sie.

Nur, dass Gila noch auf eine Antwort von mir wartete.

„Mit Luca in die Galerie? Ja klar ist das für mich in Ordnung. Aber was ist, wenn Sophia kommt?"

„Sollte sie wirklich gerade in der Stunde kommen, in der ich weg bin, zückst du dein Handy und rufst mich an. Wir sind dann eine Viertelstunde später wieder hier. Solange wirst du sie ja bespaßen können. Zeig ihr Fotos von Miriam, sie scheint sich sehr für deine Tochter zu interessieren."

Gila verspeiste den letzten Löffel von ihrem Obstsalat und sah auf die Uhr.

„Ich muss jetzt los, bis später!", rief sie uns zu und eilte hinaus in die Hotelhalle, in der im selben Moment ihr Verehrer auftauchte. Mit einem Lächeln, das alle seine strahlendweißen Zähne zeigte.

„Und du, bist du auch noch verabredet?", wollte ich von Sieglinde wissen.

„Sowieso erst nach dem Abendessen", verkündete sie.

„Vielleicht fahren wir morgen ja bereits nach Hause", sinnierte ich.

Sieglinde sagte nichts, sie starrte auf ihre Zeitschrift.

„Was meint dein Horoskop?"

„Ich soll heute nichts überstürzen", kam es wie aus der Pistole geschossen. Ob Sieglinde ihre

Tageshoroskope auswendig lernte, um sie wie ein Mantra vor sich hinzumurmeln?

***

Wir beschlossen, es uns im Innenhof in einer der Sitzgruppen aus Rattansesseln gemütlich zu machen. Die Bar war um diese Tageszeit geschlossen, außer uns befand sich niemand dort. Sieglinde hatte ihr buntes Blatt mitgebracht, in das sie sich sogleich vertiefte. Ich rief meine Tochter an.

Miriam hatte mir am Vortag auf Band gesprochen.

„Mama", hatte es von der Mobilbox getönt, „Oma ruft dauernd an. Sie will wissen, wie es dir geht. Sie sagt, es gibt Probleme mit Papa. Ruf doch mal zurück."

Bereits nach dem zweiten Klingeln nahm sie ab.

„Gottseidank, dass du anrufst", stöhnte sie. „Oma macht mich noch ganz verrückt."

„Geht es ihr nicht gut?"

Meiner Mutter ging es hervorragend. Meinem Vater offenbar nicht.

„Opa ist renitent. Er will Oma verlassen", trompetete meine Tochter.

„Wieso das denn?" Ich verstand nur Bahnhof. Meine Eltern waren, solange ich sie kannte, stets und ständig unterschiedlicher Meinung zu sämtlichen denkbaren Dingen des Lebens gewesen. Das hatte sie aber nie wirklich gestört. Warum sollte mein Vater jetzt ausziehen wollen?

„Er sagt, er will Lilian heiraten."

„Wer ist Lilian?", fragte ich verwirrt. Waren wir in einer kritischen Mondphase oder was war auf einmal mit allen Leuten los?

„Lilian Harvey. Er sieht sich in letzter Zeit nachmittags immer ihre Filme an und hat sich in sie verliebt. Er glaubt, dass sie noch lebt."

Wider Willen musste ich kichern.

„Mama!", rief mich Miriam streng zur Ordnung.

„Sag deiner Großmutter, sie soll ihm andere Filme vorspielen. Dann wird er Lilian ganz schnell wieder vergessen haben. Aus den Augen, aus dem Sinn." So leichtfertig sich das dahinsagte, spürte ich dabei doch einen bitteren Nachgeschmack. Wie lange würde meine Mutter noch ohne Hilfe mit meinem Vater und seiner Vergesslichkeit zurechtkommen?

„Sie fragt dauernd nach dir. Macht sich Sorgen. Dass du so kurz nach Papas Tod Urlaub machst, versteht sie nicht." Wir hatten meiner Mutter nichts vom wahren Grund für meine Reise erzählt und natürlich wunderte sie sich.

„Sag ihr einfach, ich brauche Abstand und dass mir ein paar Tage am Meer guttun, mit dem schweren Verlust fertigzuwerden", trug ich Miriam auf.

„Und – wie ist sie?", platzte es dann aus ihr heraus.

„Wer?", fragte ich, weil ich kurzzeitig vergessen hatte, warum ich überhaupt hier war.

„Meine Halbschwestern. Sehen wir uns ähnlich?"

„Gesehen habe ich sie noch nicht, aber wenn ich ihre Mutter richtig verstanden habe, habt ihr dieselben Augen."

„Weiß Sophia schon Bescheid?"

„Noch nicht, wir hatten noch keine Gelegenheit, aber sie kommt später ins Hotel."

Miriam stellte noch eine Menge neugieriger Fragen, die ich irgendwann abwürgte.

„Wie geht es dir denn?", wollte ich stattdessen von meiner Tochter wissen. Die schien mit ihrem Gipsbein ganz gut zurechtzukommen, langweilte sich aber ein bisschen, wie sie sagte.
„Ich wäre jetzt lieber bei euch. Mitten im Geschehen."
Sieglinde hob den Kopf, als ich seufzend das Telefonat beendete. „Miriam ist Sternzeichen Skorpion, richtig?"
„Ja", entgegnete ich, noch halb in Gedanken bei meiner Tochter.
„Dann steht ihr diese Woche eine wichtige Begegnung bevor. Eine, die ihr Leben verändern könnte."
Aber ohne dass es in meinem Horoskop zu stehen brauchte, sah ich wenige Augenblicke später, das zunächst mir eine Begegnung bevorstand. Denn Sophia stürmte gerade mit entschlossenem Gesichtsausdruck, aber gottlob ohne ihren Ehemann, auf mich zu.

***

Die Frau, die vor zwanzig Jahren ein Kind von meinem Mann bekommen hatte, hielt sich nicht mit langen Vorreden auf. Wie ein Wasserfall rauschte mir Sophias Stimme entgegen, noch bevor sie mich richtig erreicht hatte. Außer den Namen ihrer und meiner Tochter verstand ich überhaupt gar nichts.
„Moment" signalisierte ich ihr und hob mein Handy. Nun würde ich Gila also früher als erwartet zurückbeordern müssen. Leider machte mir die Technik dabei einen kräftigen Strich durch die Rechnung. Just in diesem Moment teilte mir mein Mobiltelefon nämlich mit einem summenden Ton mit, mein Akku sei leer. Verdammtes Ding! Hatte ich

überhaupt ein Ladekabel dabei? Sieglinde brauchte ich gar nicht erst zu fragen, die besaß kein Handy.

„Äh … Momento … niente capisco", versuchte ich Sophia mein Dilemma zu erklären. „Amica … Telefon … nix functiona."

Sophia sah mich an, strafend, wie mir schien.

„Lei non parla italiano", sagte sie so langsam, dass auch ich es verstand. Es war keine Frage, eine Feststellung.

„E sua amica non c'è."

Sie senkte leicht den Kopf und sah mich von schräg unten an. Erinnerte mich das an einen Stier, kurz bevor er sich auf den Torero stürzt?

„Wenn Sie einen Dolmetscher brauchen, ich kann das gerne übernehmen!" Mein Kopf fuhr zu Anton Schönhuber herum, der, von mir unbemerkt, den Innenhof betreten hatte und nun etwas auf Italienisch zu Sophia sagte, vermutlich dasselbe wie eben zu mir.

„Also – ich weiß nicht …", stotterte ich und Sophias finsterer Blick brachte mich sogleich wieder zum Verstummen. Sie antwortete etwas und Schönhuber schwenkte seinen Kopf in meine Richtung.

„Sie fragt, wo Ihre Tochter sei."

„Miriam? Sie ist zu Hause. In Deutschland. Mit einem gebrochenen Bein."

Die Worte wurden übersetzt und gleich darauf wollte Schönhuber, in Sophias Namen, wissen, wo die beiden Frauen sich kennengelernt haben.

„Das ist jetzt egal", versuchte ich, auf das Wesentliche zu kommen. Sophia war meinetwegen hier. Würde ich sie wieder wegschicken, ohne zum wahren Grund meines Hierseins zu kommen, könnte ich die ganze Sache vermutlich knicken.

„Es geht um Giulietta, Sophias Tochter", begann ich.

Schönhuber übersetzte.

„Ah?" Sophia zog die Augenbrauen hoch und machte mit der Hand eine vielsagende Geste, bevor sie Schönhuber einen Schwall Worte um die Ohren schleuderte.

„Sie sind also Giuliettas Schwiegermutter? Herzlichen Glückwunsch zur anstehenden Vermählung." Schönhubers Worte stellten ein Mysterium dar, das mich einen Moment lang sprachlos machte.

„Schwiegermutter?" Meinte sie Stiefmutter? Aber – so nannte man das wohl kaum, fiel mir dazu ein.

Die beiden verstrickten sich nun in ein hitziges Wortgefecht, aus dem heraus Sophia mit sich steigernder Vehemenz mehrfach auf mich deutete.

„Wollen die beiden nicht heiraten?", lautete die nächste Frage.

„Heiraten?" Um wen ging es denn? War ich im verkehrten Film gelandet?

„Vermutlich um Giulietta und ihre Freundin." Das letzte Wort betonte der grauhaarige Zausel ganz besonders.

„Wie meinen Sie das?", fragte ich. Etwas an der Art, wie Sophia und er sich ansahen, alarmierte mich.

„Ihre Tochter und Giulietta sind doch ein Liebespaar. Sind Sie nicht deshalb hier? Um die Hochzeit vorzubereiten?"

„Ein Liebespaar? Miriam und ... o nein, nein. Ganz und gar nicht. Das wäre ja ... also nein, das ginge ja gar nicht." Ich stotterte verwirrt vor mich hin.

„Dann ist Ihre Tochter also nicht lesbisch?", trompetete Schönhuber laut in die Gegend.

Sieglinde erhob sich alarmiert aus ihrem Sessel und kam vorsichtig näher.

„Lesbisch, aber nein!", entfuhr es mir.

„Ist doch nichts Besonderes mehr, heutzutage", bemerkte Schönhuber mit einem Grinsen, über dessen Bedeutung ich lieber nicht nachdenken wollte. „Wo doch auch die Frau Mutter sexuell nicht gerade angepasst ist."

„Was ist los?" Sieglinde baute sich hinter Schönhuber auf, der nun erschrocken zu ihr herumfuhr.

„Oh, Sie sind auch hier", murmelte er, wenigstens betreten.

„Cosa dice?", unterbrach Sophia unsere deutsche Konversation.

„Miriam non è lesbiana", antwortete Schönhuber, was auch ich verstand.

„Es geht nicht um Miriam, *ich* will mit Giulietta sprechen", versuchte ich verzweifelt, die Lage zu klären und tippte mir dabei mit dem Finger auf die Brust.

Sophia traten fast die Augen aus den Höhlen. Sie schrie und deutete nun ihrerseits mit dem Finger auf mich.

„Sie sagt, Sie sind zu alt", übersetzte Schönhuber, „aber ich habe ihr gesagt, dass Sie das nicht so eng sehen."

„Was meint er mit: sexuell nicht angepasst, und dass du das nicht so eng siehst?", wollte Sieglinde mit leicht erhobener Stimme wissen.

„Nichts", antwortete ich unwirsch.

„Das würde ich so nicht sagen", fuhr der Zausel dazwischen, der mich an diesem Morgen mit seinem zerknitterten Batikhemd und dem grauen Pferdeschwanz mehr denn je an einen Althippie erinnerte. Mit leicht ungutem Gefühl dachte ich an meine eigene Flatterbluse, die oben im Badezimmer hing. Dachte er etwa, er habe eine Schwester im Geiste vor sich?

„Wir sind doch alle eine Generation", schwadronierte der Kerl. „Make Love not War, nicht wahr." Schönhubers leichtes Kichern bei diesen Worten entlockte Sophia ein lautes Schnauben.

„Wie bitte?" Sieglinde sah aus, als wolle sie den ungebetenen Gast gleich mit ihrem Kaffeelöffel erschlagen.

„Der junge Schwede ist schon den ganzen Morgen unverschämt gut gelaunt. Mehr brauche ich wohl nicht zu sagen." Mit einem unangenehm verschwörerischen Grinsen wandte Schönhuber sich zuerst mir und daraufhin wieder Sophia zu, die ihm ein paar scharfe Fragen stellte.

„Was für ein Schwede?" Das war wieder Sieglinde.

Noch bevor ich antworten konnte, ließ etwas, das Sophia nun von sich gab, Schönhubers Augenbrauen nach oben schnellen, bevor er übersetzte.

„Sophia sagt, dass Sie und Ihre Freundin", seine Augen wanderten erstaunt zu Sieglinde, „ebenfalls sehr eng miteinander, oder, um es direkt zu sagen, lesbisch sind."

„Lesbisch? Ich?" Sieglinde wich zwei Schritte zurück, als wäre ihr der Leibhaftige erschienen. Sie erbleichte. „Wie kommen Sie denn auf diese Idee? Sind Sie verrückt!?"

„Nein. Bin ich nicht, ich übersetze nur!"

„No, no, l'altra, la bionda!", schrie Sophia nun den völlig konsternierten Schönhuber an und fuchtelte dabei wild mit den Händen herum.

„Sie redet nicht von dir, Sieglinde. Sie meint Gila. Sie glaubt, Gila ist meine *Freundin*", konkretisierte ich und musste hysterisch kichern. Auf einmal hatte ich die Bedeutung von Sophias Geste am Vortag verstanden. Die beiden Zeigefinger, die sie aneinandergelegt hatte. *Enge Freundinnen.*

„Was fällt Ihnen ein!" Das war wieder Sieglinde.

„Hanni ist glücklich verheiratet und hat eine Tochter."

„Ich bin verwitwet. Und wenn meine Ehe so glücklich gewesen wäre, stünde ich nicht hier." Meine Worte klangen so trocken wie Wüstensand.

„Verwitwet? Schon lange?", wollte Schönhuber wissen und betrachtete mich interessiert. Ob er versuchte, meinen Kontostand zu schätzen? Wo war eigentlich seine schmuckbehängte Tanzpartnerin?

„Seit einigen Monaten", antwortete ich automatisch.

„Dann haben Sie sich ja schnell getröstet. Mit einem Schwedenhappen und einer attraktiven Blondine. Alle Achtung. Na ja, wir sind ja die Generation der sexuellen Revolution. Da ist alles erlaubt. Wie sagte man früher so schön – wer zweimal mit derselben pennt ..."

„Schluss, aus", unterbrach ich ihn energisch, bevor das alles noch weiter ausartete. Ich hatte jetzt bereits Kopfschmerzen von dem ganzen Durcheinander. „Sagen Sie Sophia, dass es um meinen verstorbenen Mann geht. Er hieß Gerald."

Schönhuber übersetzte der inzwischen ziemlich verärgert dreinblickenden Sophia meinen letzten Satz. Danach herrschte kurz Totenstille. Die Italienerin starrte Schönhuber an, dann mich.

„Gerald?", wiederholte sie vorsichtig.

„Sì!", bestätigte ich und nickte dabei nachdrücklich mit dem Kopf. „Mio marito." Das hatte Gila mir beigebracht.

„Ihr Ehemann? Ich dachte, der wäre tot." Das war Schönhuber.

„Ist er auch. Sagen Sie ihr das."

„Morto?", wiederholte Sophia, während ihre dunklen Augen nervös zwischen Schönhuber und mir hin- und herwanderten. Dann wandte sie sich mit ein paar energischen Worten an Schönhuber.

„In Ordnung, wenn Sie mich nicht mehr brauchen", schnaubte er daraufhin beleidigt. Es war ihm deutlich anzusehen, wie gerne er noch geblieben wäre. Aber Sophia hatte ihn weggeschickt, und das war gut so. Denn jetzt ging es ans Eingemachte, und Schönhuber war kaum der Mensch, dem man seine intimsten Gedanken mitteilen mochte.

Aber wie sollte ich mich jetzt mit Sophia verständigen?

„Hier!" Sieglinde drückte mir ein kleines Gerät in die Hand. „Übersetzungsprogramm. Du gibst das deutsche

Wort ein, das italienische kommt raus. Und umgekehrt. Hat mich Berthold gestern drauf gebracht."
„Ach Sieglinde, was würde ich nur ohne dich tun."
Sie nickte nur huldvoll.
„Er hat ein Testament hinterlassen", sagte ich und gab das Wort „Testament" in den Übersetzer ein. Auf diese Art würde ich Sophie die Wahrheit in homöopathischen Dosen verabreichen. Auch nicht schlecht.
„Darin hat er ihr etwas vermacht."
„Vermächtnis", tippte ich und hielt es ihr hin. „Für Giulietta", ergänzte ich mündlich.
Sophia reagierte unerwartet auf diese Eröffnung. Sie wich einen Schritt zurück und bekreuzigte sich mehrmals.
„Gerald war Giuliettas Vater", sprach und schrieb Sophia es aus. Sie war nun ganz ruhig und ziemlich blass.
„Ich habe es erst nach seinem Tod erfahren", informierte ich nun die Frau, die den Namen meines verstorbenen Gatten immer noch mit einer gewissen Zärtlichkeit aussprach.
„Giulietta weiß Bescheid, dass sie nicht Carlos Kind ist, aber sie kennt den Namen ihres leiblichen Vaters nicht. Den habe ich ihr nie gesagt", ließ mich Sophia wissen.
Nachdem ich ihr mitgeteilt hatte, dass mein verstorbener Mann seiner unehelichen Tochter etwas hinterlassen hatte, war schnell klar, dass ich die Rückkehr von Giulietta abwarten musste. Sie war volljährig und ich konnte ohne ihr Wissen ihre Mutter unmöglich in die Details des Erbes einweihen.

„Sie studiert in Mailand", erklärte das Übersetzungsgerät, nachdem Sophia zwischendurch hektisch auf ihrem Telefonino herumgehackt hatte, um ihre Tochter zu einem Rückruf zu bewegen. „Aber sie ist dort in ihrer WG nicht erreichbar und meldet sich auch nicht an ihrem Mobiltelefon. Wir hatten Streit, weil Giulietta nichts mit Männern am Hut und erklärtermaßen eine neue Freundin hat. Die sie angeblich heiraten will. Deswegen auch die Verwirrung."

Sophia und Carlo waren außer sich gewesen, nachdem Giulietta sie in ihre Pläne eingeweiht hatte. Ihr Kind, ihr einziges Kind, und dann das. Ich erinnerte Sophia in diesem Moment nicht daran, dass dieses Kind zur Hälfte wenigstens von meinem verstorbenen Gatten war. Miriam jedenfalls hatte mit dieser ganzen Sache nichts zu tun. Sophia erhoffte sich von ihrer Tochter Enkelkinder. Die sie, so wie es aussah, nicht bekommen würde. Ihre Wut war verraucht und einer merkwürdigen Trauer gewichen. Wir sahen uns lange schweigend an.

„Ich wusste anfangs nicht, dass er verheiratet ist."

„Ich habe erst nach seinem Tod von Ihnen und Ihrer Tochter erfahren."

Sophia nickte stumm und machte eine bedauernde Geste. Ich sagte nichts und tat nichts, ich war noch nicht soweit. Und dann begannen wir beide gleichzeitig zu weinen.

11

Als Gila eine halbe Stunde später an der Seite ihres jungen Verehrers ins Hotel zurückkehrte, strahlend und gut gelaunt, staunte sie nicht schlecht über die Entwicklung der Dinge.

„Und jetzt?"

„Sophia sagt, sie kann sie nicht erreichen. Am besten, wir bleiben noch ein paar Tage am Ort. Sophia wird sich melden, sobald Giulietta wieder auftaucht."

„Von mir aus. Es fängt gerade an, mir hier richtig zu gefallen", grinste sie mit einem vielsagenden Blick auf ihren Begleiter.

Sieglinde murmelte etwas vor sich hin, das ungeheuer unfreundlich klang, aber Gila tat so, als höre sie es gar nicht.

Nun, da das erste und für mich so ungeheuer wichtige Gespräch mit Sophia endlich geklappt hatte, war eine riesige Last von mir abgefallen. Mir war danach, etwas durchzuatmen. Auf gut Glück nach Mailand zu fahren, kam nicht infrage. Bevor ich Giulietta mit ihrer Erbschaft überraschen oder beglücken konnte, musste Sophia ihrer Tochter reinen Wein über deren Vater einschenken. Gut, dass meine beiden Freundinnen es nicht eilig zu haben schienen, wieder aus Ceriale wegzukommen.

Gila und Luca waren sich schnell einig, ein Speedboot zu mieten und damit vor der Küste ein wenig herumzufahren. Weder Sieglinde noch ich hatten Lust, sie dabei zu begleiten. Sieglinde wollte sich mit dem unternehmungslustigen Berthold zum Kaffeetrinken treffen und vorher noch zum Friseur. Sie verabschiedete sich etwas schmallippig, auch weil ich partout nicht mit ihr über Schönhubers Andeutungen reden wollte. Und ich? Fühlte mich ein wenig so, als sei ich in ein Loch gefallen. Die letzten Tage hatte ich dieser Aussprache entgegengefiebert. Nun schien mir etwas abhandengekommen zu sein. Das nächste Ziel, mit Giulietta persönlich zu sprechen, lag in diesem Moment in unbekannter Ferne. Einen kurzen Augenblick dachte ich an Jonas. An sein leises Lachen in meinem Ohr. Seine behutsamen Hände. Sein Haar, das meine Brust gekitzelt hatte, als er meinen Bauch küsste. Mir wurde heiß und kalt, gleichzeitig wusste ich instinktiv, dass ich mir diese Erinnerung genau so bewahren musste. So leicht und fluffig, wie ich mich darin fühlte, so wollte ich bleiben. Alles, was darüber hinausging, bliebe nicht mehr so unbeschwert.

Bei einem Spaziergang entlang der Promenade, dieses Mal ging ich in die entgegengesetzte Richtung wie am Vortag, klärte sich mein Kopf. Warum nicht zwei, drei Tage Sonne und Meer genießen? Es würde ja hoffentlich nicht ewig dauern, bis Giulietta den Streit mit ihren Eltern beilegte. Gila schien keine Schwierigkeiten zu haben, einfach umzudenken. Sieglinde freute sich über ihre Bekanntschaft mit Berthold. Ich nahm es meinen zwei Freundinnen nicht übel, dass sie sich eine Weile von mir separierten. Falls ich sie brauchte, wären sie da, das wusste ich.

Am Strand fiel ich natürlich auf in meiner Kleidung, die immer noch Arme, Beine und Hals bedeckte. Obwohl eine leichte Brise die Sonnenschirme zum Flattern brachte, war die Sonne an diesem Tag sehr warm. Ich zog meine Schuhe aus und watete am Wasser entlang, sammelte ein paar Muscheln und dachte über mein Leben nach. Wie würde es weitergehen? Fast mein ganzes Erwachsenenleben hatte ich mit Gerald verbracht. Der sich trotz all der harmonischen Zeiten, tatsächlich hatten wir kaum jemals miteinander gestritten, als Fremdgänger entpuppt und mich damit schwer verletzt hatte. Dennoch – je länger sein Tod zurücklag, desto öfter konnte ich mich auch wieder an die schönen Seiten unserer Ehe erinnern. Gleichzeitig wollte ich mich nicht mehr an die Vergangenheit klammern. Weder rosarot noch pechschwarz gefärbte Erinnerungen würden mich davon abhalten, mein Leben jetzt ab diesem Punkt weiterzuleben. Genau so, wie ich es wollte. Sobald ich eben wusste, was das war. Noch war alles viel zu verwirrend und manchmal auch beängstigend. Dass Miriam da sein würde, wenn ich zurückkam, tat mir gut. Aber sie würde sicherlich bald wieder nach Neuseeland abreisen und ich fragte mich schon, ob mir dann die Decke auf den Kopf fallen würde. Gut, dass ich meine Arbeit hatte, meinen Garten, meinen Kater und Sieglinde. Ich würde sie fragen, wie sie das gemacht hatte, nach vielen Jahren der Zweisamkeit alleine zu leben. Oder lieber nicht? Bei der Vorstellung, mich bereits jetzt so konsequent alt zu fühlen wie meine Nachbarin und Freundin, überlief mich ein unangenehmer Schauer. Nein, ich wollte nicht verhärmt und vertrocknet in meinem Einfamilienhaus sitzen. Hatte mir doch die letzte Nacht gezeigt, dass noch viel mehr Feuer in mir war, als ich selbst geahnt hatte. Der Funke, der durch die

Bekanntschaft mit Jonas auf mich übergesprungen war, brachte mein Lebensgefühl wieder so richtig zum Glühen.

Vor mir stand eine Frau im Wasser, sie mochte ungefähr in meinem Alter sein. Eine erschlaffte Bauchdecke und leichte Cellulitis hielten sie nicht davon ab, einen leuchtend gelben Bikini auf der sonnenbraunen Haut zu tragen. Ihr Haar, so tiefschwarz, dass es sicherlich gefärbt war, trug sie zu einem straffen Knoten gebunden. Die Tatsache, dass sie lediglich bis zu den Knien im Wasser stand, reichlich Schmuck trug und ununterbrochen in ein Mobiltelefon sprach, verriet mir, dass es sich um eine Italienerin handelte. Die legten im Wasser noch nicht einmal ihre Sonnenbrille ab und betrachteten die kleinen Spritzer, die sie mit der Hand großzügig um sich herum verteilten, vermutlich als vollständiges Bad.

Mich faszinierte die Körperhaltung der Fremden, die nun ein paar Schritte hin und her ging, mit der freien Hand ein wenig im Wasser herumrührte und danach, aufrecht und mit wiegenden Hüften, immer noch telefonierend und dabei gestikulierend, zu ihrem Liegestuhl zurückkehrte. Keine Spur von verschämtem Körpergefühl, die Frau strahlte etwas aus, das auch ich gerne wieder gehabt hätte. Sie war mit sich und ihrem Aussehen im Reinen.

Ich war so versunken in den Anblick der Fremden, dass ich die große Welle nicht kommen sah. Sekunden später war mein Rock bis zu den Oberschenkeln durchnässt. Im ersten Moment durchzuckte mich Ärger. Warum hatte ich nicht besser aufgepasst? Dann musste ich lachen. Selbst, als mir gleich darauf ein Ball gegen den Arm prallte und mir nicht nur einen Schreck einjagte, sondern auch noch meine Bluse mit feuchtem Sand bespritzte, zuckte ich innerlich die Schultern. *Was soll's,* dachte ich, *ich bin schließlich im Urlaub und nicht unterwegs zu einem Galadiner oder einem formellen Termin.*

***

Bei meiner Rückkehr ins Hotel erwartete mich eine Überraschung. Ich war schon fast an ihm vorbeigelaufen, als ich Vittorio erblickte. Er saß, tadellos frisiert und gekleidet in einen hellen Sommeranzug, auf der kleinen Terrasse direkt vor dem Hoteleingang und trank einen Espresso. Wie angewurzelt blieb ich stehen. Unwillkürlich fuhr ich mir durch mein windzerzaustes Haar, gleichzeitig fiel mir ein, dass ich weder Lippenstift noch Parfum aufgelegt hatte. Ich rückte meine Sonnenbrille zurecht und biss mir auf die Unterlippe. Was sollte ich tun? Schnell ins Hotel huschen, um mich frisch zu machen? Was, wenn er mich dabei sehen würde? Musste er dann nicht denken, ich wolle nichts mehr mit ihm zu tun haben? Dabei freute ich mich wie ein verknallter Teenager, dass er da war.

Vittorio trank von seinem Espresso und wandte den Kopf. Er sah nun direkt in meine Richtung. Seine Augen konnte ich hinter der dunklen Sonnenbrille nicht erkennen, aber er musste mich sehen. Nach wenigen Sekunden drehte er sich wieder weg. Hatte er mich gesehen und nicht erkannt? Ich nahm die Sonnenbrille ab und strich mir übers Haar. Trat zwei Schritte auf ihn zu und nun sah er mich wieder ganz direkt an. Nichts. Keine Geste, kein Wort. Ich stand fast direkt vor ihm und er erkannte mich nicht! Ein eiskalter Wind fegte durch meine Seele und brachte das aus romantischen Vorstellungen gebaute Kartenhaus in mir zum Einsturz.

Er war hier, aber offensichtlich nicht wegen mir. Da stand ich nun, die Reste meiner gefühlsduseligen Vorstellungen senkten sich wie verblassende rosa Schleier auf den Boden der Tatsachen, um dort zu verdampfen. Enttäuscht wandte ich mich ab, eine leichte Brise wehte den feuchten Rock gegen meine Beine.

„Hanni?" Seine Stimme, dunkel und fragend. Ich drehte mich zu ihm um. Mit gerunzelter Stirn sah er zu mir herüber. Nein, nicht direkt, sondern irgendwie – ein kleines Stück an mir vorbei.

„Hanni, sind Sie das?" Himmel, wenn der Mann sich nicht sicher war, ob ich die Frau war, die er besuchen wollte, wäre es dann nicht das Beste, ich würde den Kopf schütteln und auf mein Zimmer eilen? Vielleicht auf eine weitere Begegnung hoffen, in besserer optischer Verfassung?

„Ihr Duft ... Sie müssen hier irgendwo sein", murmelte er, erhob sich und streckte eine Hand aus, fast direkt in meine Richtung.

„Erkennen Sie mich denn nicht?", rutschte es mir heraus. Ich ging auf ihn zu, stand nun direkt vor ihm.

„Ah, Sie sind es tatsächlich! Wie schön. Ich habe Ihren Duft in der Nase und er sagt mir, dass Sie einen Spaziergang am Meer hinter sich haben."

„Ich sehe schrecklich aus", entfuhr es mir.

„Das glaube ich nicht, aber wenn, dann macht es mir doch nichts aus!", antwortete er wie aus der Pistole geschossen.

Er lächelte und griff nach mir. Nein, er griff nicht, er tastete sich vorsichtig durch die Luft, landete auf meinem rechten Unterarm und arbeitete sich zu meiner Hand vor, die er vorsichtig an seine Lippen zog. Eine Berührung, die mich wärmte wie ein Ofen. Wir standen voreinander und ich wusste nicht weiter. Die Situation war so bizarr und ungewöhnlich. Dann fiel es mir wie Schuppen von den Augen.

„Sie sind blind!"

„Ich bin blind, wussten Sie das nicht?"

Wir redeten gleichzeitig und verstummten, beide leicht erschrocken, abrupt.

Nun wurde mir so einiges klar. Die Sonnenbrille, die Vittorio bisher stets getragen hatte. Dass er mich gerade eben nicht gesehen hatte. Dass es keine Rolle spielte, wie zerzaust ich gerade aussah. Dass er sich freute, mich zu treffen, ja, meinetwegen hier war! Was machte es da schon aus, dass ich auf dem Schiff nicht bemerkt hatte, was mit ihm los war. Mir hatte nichts gefehlt, noch immer kribbelte es in meinem Bauch, sobald ich an seine Hände dachte, die mich sanft im Rhythmus der Musik über das Parkett dirigiert hatten.

Mit einem erleichterten Seufzen ließ ich mich auf den Stuhl neben ihm fallen, auch er setzte sich wieder. Bei einem herbeigeeilten Kellner bestellten wir frischen Espresso und einen Milchkaffee für mich.

„Es tut mir leid, dass ich nicht gestern schon kommen konnte. Es gibt ein paar familiäre Angelegenheiten, die zu regeln sind und die mehr Zeit in Anspruch nehmen, als ich dachte."

Ich winkte matt ab, bevor mir einfiel, dass er diese Geste ja nicht sehen konnte. Immerhin war ich am Vortag ganz schön enttäuscht gewesen.

„Den heutigen Abend möchte ich gerne mit Ihnen verbringen, liebe Hanni. Was halten Sie davon, wenn ich Sie zum Essen einlade und anschließend versuchen wir unser Glück in einem Spielcasino?"

Essen klang gut, seit wir in Italien angekommen waren, empfand ich es als geradezu unverschämt, wie sehr meine Geruchs- und Geschmacksnerven von den ganzen kulinarischen Genüssen hier verlockt wurden.

Allerdings hatte ich meine beiden Freundinnen bereits für diesen Abend eingeladen. Wir wollten ein nobles, etwas außerhalb liegendes Restaurant besuchen, das zurzeit als Geheimtipp gehandelt wurde. Jedenfalls hatte mir die Rezeptionistin das erzählt.

„Aber zu einem Spielcasino, da sage ich nicht nein!", tröstete ich Vittorio über die Absage hinweg. Was allerdings ein Blinder in einem Spielcasino wollte, erschloss sich mir nicht. Nachzufragen erschien mir unhöflich und indiskret. Dennoch schien dieser Abend so ganz nach meinem Geschmack. Bei diesen Aussichten schnellte mein Gefühlsbarometer bereits wieder kräftig nach oben. Wenn Vittorio den Abend mit mir verbringen wollte, dann bedeutete das wohl, dass ich ihn beeindruckt hatte. Nach meiner wilden Nacht mit Jonas war dies also die zweite gute Nachricht für mein Selbstwertgefühl.

Nachdem wir noch ein paar Details für den Abend besprochen, ich ihm die Geschichte mit dem verirrten

Ausflugsschiff erzählt und wir uns im Rückblick blendend über die Geschehnisse dort amüsiert hatten, signalisierte mir Vittorio, dass es für ihn nun an der Zeit sei, zu gehen. Er winkte mit meiner Assistenz den Kellner herbei, bezahlte unsere Getränke und bat darum, ihm ein Taxi zu bestellen. Dann erhob er sich und drückte meine Hand.

„Ich freue mich auf den Abend mit Ihnen", sagte er halblaut und beugte sich leicht nach vorn, wie, um mir einen Kuss auf die Wange zu hauchen.

Just in diesem Moment bog Anton Schönhuber um die Ecke. Erblickte mich, erblickte uns, blieb ruckartig stehen und starrte mich einen Moment lang an, bevor er langsam, ganz langsam näherkam. Wie ein Raubtier, das sein Opfer genau betrachten wollte, bevor es ihm den tödlichen Biss verpasste. Der kam dann auch in Form von Worten.

„Also wirklich, Frau Roos. Sie sind doch immer wieder für eine Überraschung gut!" Damit verschwand er im Hotel.

Vittorio hatte den Kopf gehoben und machte ein merkwürdiges Gesicht.

„Ach, das war dieser Althippie, der, der sich auf dem Schiff mit dem Sänger angelegt hat. Ein grässlich aufdringlicher Mensch", erklärte ich.

Gottseidank nickte mein Gegenüber nur zerstreut und im selben Moment näherte sich uns ein Taxi im Schritttempo.

„Ihr Wagen ist da", sagte ich und Vittorio hob nur kurz die Hand, um dem Fahrer zu signalisieren, er sei der Gast.

„Bis heute Abend", warf er mir noch zu und ich nickte, grinsend wie ein Honigkuchenpferd, obwohl er das ja nicht sehen konnte.

***

„Ins Casino? Da muss ich erst einmal unsere Horoskope befragen", lauteten Sieglindes erste Worte, nachdem ich ihr von Vittorios Einladung erzählt hatte. Gottseidank sprachen die Sterne eine klare Sprache.

„Bei mir steht: Eine Begegnung könnte ihr Leben verändern", verkündete sie das für sie Relevante mit einem leicht nachdenklichen Unterton. Ich betrachtete meine Freundin ebenfalls nachdenklich. Der Besuch beim Friseur hatte sich für Sieglinde gelohnt. Ihr Haar war kürzer, fluffiger und wesentlich hellblonder als noch Stunden zuvor. Hätte ich die beiden Frauen nicht gekannt, hätte ich von hinten Schwierigkeiten gehabt, Gila und Sieglinde auseinanderzuhalten, so ähnlich waren die Frisuren jetzt.

„Die Haare sind flott geworden. Passen gut zu Gilas Klamotten."

„Ach ja?" Sieglinde schaute mich von unten her an. „Meinst du, ich sollte mich ein bisschen schicker kleiden?"

„Unbedingt!"

„Aber ich will nicht aussehen wie jemand, der krampfhaft jünger wirken will."

„Das tust du bestimmt nicht", versicherte ich ihr. „Aber es spricht doch auch nichts dagegen, sich nicht älter zu machen, als man ist."

„Jetzt dein Horoskop." Sieglindes Blick lag schon wieder auf ihrem bunten Blatt.

„Na gut. Was steht bei mir?", fragte ich, gegen meine eigene Überzeugung und in der Hoffnung, heute nur Gutes zu hören.

„Bei Ihnen streiten heute Gefühl und Verstand, lassen Sie ruhig mehr Gefühle zu." Aha. So konnte man das auch sehen!

Absätze klackerten, dann bog Gila schwungvoll um die Ecke. „Na, Sieglinde, schon wieder in die Sterndeuterei vertieft?" Ihre roten Lippen kräuselten sich neckisch. Sie hielt einen Moment inne, als sie Sieglindes neue Frisur sah, dann pfiff sie anerkennend durch die Zähne.

„Sie raten dir, die Dinge heute langsam angehen zu lassen", lautete die Antwort auf ihre Frage.

„Oh, das hatte ich aber gerade gar nicht vor!" Mit einem leichten Prusten ließ sich Gila in einen der Sessel fallen und streckte ihre Arme und Beine von sich, als habe sie etwas wahnsinnig Anstrengendes hinter sich.

„Dein Luca?", frage ich neugierig.

„In gewisser Weise, ja!" Gila grinste vergnügt vor sich hin, während Sieglindes Miene tadelnd schmallippig wurde.

„Er hat mir nämlich ein Gemälde von einem total angesagten Künstler verschafft. Es gehört zu einer Reihe, die eigentlich nicht verkäuflich ist. Aber Luca ...", sie schnalzte kurz mit der Zunge, „kennt den Knaben und hat ein gutes Wort für mich eingelegt."

„Was heißt das denn, wenn Gemälde nicht verkäuflich sind?"

„Tja, Hanni. In diesem Fall ist es eine Reihe, die der Künstler nur für sich gemalt hat. In einem ganz anderen Stil als seine übrigen Werke. Mehr barock, mehr ölig. Aber zweifelsfrei Kunst, die irgendwann einmal sehr viel mehr wert sein wird."

„Ach, und dieses Kunstwerk stellst du einfach in dein Zimmer hier im Hotel?", wollte Sieglinde wissen.

„Weiß doch keiner", gab die zurück. „Ich habe es in Packpapier eingeschlagen und in die größte Plastiktüte gepackt, die ich hier am Ort finden konnte. Jetzt steht es in meinem Schrank."

„Vorsicht, Feind hört mit", warnte ich meine Freundin, als schon wieder Anton Schönhuber auftauchte. Dieses Mal hing die Rumbatänzerin an seinem Arm. Soweit ich es verstehen konnte, parlierten die beiden auf Französisch.

„Der verliert auch keine Zeit", knurrte es aus Sieglindes Ecke. Schönhuber hatte es wohl gehört. Er blieb kurz an unserem Tisch stehen.

„Man muss die Feste feiern, wie sie fallen", ließ er verlauten. Ich versuchte zeitgleich, mich unsichtbar zu machen, der Kerl war mir mit seinem gesammelten Wissen jetzt schon nicht geheuer.

„Schließlich sind wir doch alle in einem Alter, in dem übertriebene Zurückhaltung nur noch Zeitverschwendung ist."

Das Sich-unsichtbar-machen-wollen hatte nicht geklappt, sein Blick lag nun direkt auf mir.

„Nicht, wahr, Frau Roos?"

„Äh ... vermutlich haben Sie recht", stammelte ich. Die Rumbatänzerin lächelte auf eine Weise, die deutlich machte, dass sie nichts verstanden hatte, und zupfte an Schönhubers Ärmel.

„Allons-y, chérie?", fragte sie.

„Also – Adieu", polterte Sieglinde, während Gilas Augen vor Vergnügen Funken sprühten und sie sich das Lachen nur mit Mühe verkneifen konnte.

Schönhuber nickte steif und ging davon.

„Was meinte der eben?" Sieglinde war wieder zum Bluthund mutiert, der mir gefährlich dicht auf den Fersen war.

„Der meinte, dass unsere Restlaufzeit inzwischen überschaubar ist", kicherte Gila.

„Ausgerechnet! Was glaubt der, wer er ist?"

„Er hat keinen Spiegel. Sonst würde er sich sehen, wie er ist. Ich wette, der hat Altherrenbrüstchen, einen Hängepo und faltige Knie. Der kann doch froh sein, noch so eine Goldkettenbehängte abzukriegen" Gila schüttelte ruckartig den Kopf.

„Der ist in den Siebzigern hängengeblieben und denkt vielleicht, sein Schniedel sei erleuchtet", kicherte ich dazwischen.

„Ach, eigentlich sind doch viele Männer so. Sie glauben, es ist mit ein bisschen Schmeichelei und der Riminidiät getan", erklärte Gila.

„Riminidiät? Was ist das denn?", wollte Sieglinde wissen.

„Den Bauch einziehen, wenn eine attraktive Frau vorbeigeht!"

Wir prusteten zu dritt los bei dieser Erklärung. Dann wurde Gila wieder ernst und fuhr fort.

„Wenn ich an meinen Ex denke", Gila pustete ins Nichts, „der hat jetzt eine Fünfundzwanzigjährige, die er in fünf Jahren gegen eine anderer Fünfundzwanzigjährige austauschen wird. Trotz Blumenkohlohren, Schmerbauch und Pofalten. Er muss nicht selbst attraktiv sein, er ist es für junge Frauen durch andere Werte."

„Weil er Kohle hat", plärrte Sieglinde.

„Genau, das ist der Grund. Natürlich gibt es junge Menschen, die sich in wesentlich ältere verlieben, sie attraktiv finden. Und umgekehrt."

Ich dachte an Jonas und nickte versonnen.

„Aber es gibt keine vernünftige Erklärung dafür, warum sich so viele junge, attraktive Frauen an wesentlich ältere und teilweise wenig ansprechende Männer hängen."

„Das gab es doch in unserer Generation auch schon", warf Sieglinde ein.

„Trotzdem würde ich sagen, wir haben uns noch in Männer verliebt und nicht in die Aussicht auf Maledivenurlaube und Designerhandtaschen", gab ich zu bedenken.

Gila prustete zustimmend.

„Und umgekehrt? Es gibt doch Frauen mit Toy-Boys, die sie nur zum Vorzeigen haben?"

„Klar, Hanni. Die gibt es und einige übertreiben es gnadenlos. Ist es wirklich erstrebenswert, mit jemandem an der Hand rumzulaufen, der aussieht wie der eigene Enkelsohn? Glaub mir, nichts macht älter, als ein allzu junger, straffer Kerl an deiner Seite. Vor allem, wenn man selbst so verkrampft auf jung macht und vor lauter Botox, Schönheitsoperationen und Verzicht auf alles, was gut schmeckt, doch nur verhärmt und lebensunlustig wirkt."

„Wie viel Altersunterschied ist denn erlaubt?", wollte ich daraufhin von Gila wissen.

„Es ist alles erlaubt, selbst Harold und Maude, wenn es mit derselben Intention und echten Gefühlen einhergeht. Alles, was Täuschung ist, Selbsttäuschung eingeschlossen, sollte man bleiben lassen."

„Die Meisterin der Verführung hat das Wort zum Sonntag gesprochen. Amen." Das war Sieglinde und ich war heilfroh, dass Gila diese Bemerkung einfach überhörte.

12

Am Abend erwies sich der Tipp der Hotelmitarbeiterin als goldrichtig für meine Einladung. Ein großes, einstöckiges Landhaus war zu einem Restaurant umgebaut worden. Dass dabei ein Stararchitekt seine Finger im Spiel gehabt haben musste, sah man auf den ersten Blick. Naturstein, Holz, Glas und Metall waren kunstvoll und mit genauem Blick für Details und Ausgewogenheit eingesetzt worden. Neben dem Gebäude war eine Terrasse angebaut, auch hier setzten sich dieselben Materialien, Formen und Farben fort.

Ich hatte mir erlaubt, für mich und meine beiden Begleiterinnen ein kleines Menü zusammenzustellen. Wir würden gemischte Antipasti, etwas Pasta mit Pesto, wahlweise Kaninchen oder Lamm, dazu Polenta und zum Dessert Mascarpone mit Waldbeeren essen. Eine Speisefolge, die sowohl von Sieglinde als auch von Gila begeistertes Lob erhielt.

Da saßen wir nun und tranken erst einmal ein Glas Wein auf unsere Reise. Die Temperatur war angenehm, der Geräuschpegel für südliche Verhältnisse angenehm zurückgenommen, in der Luft lag ein leichter Kieferduft.

„Wenn ich daran denke, was mich hierhergeführt hat …", seufzte ich. „Und jetzt sitze ich hier, als wäre es Urlaub."

Gila beruhigte mich mit den Worten, es sei durchaus an der Zeit, dass ich mir selbst etwas gönne. Da geschah es.

„Honey?", schnurrte jemand an meinem Ohr und mir fiel fast die Gabel mit dem Amuse-Gueule aus der Hand.

„Jonas!", rief ich aus und spürte, wie sich ein Sturzbach von Röte über mein Gesicht ergoss.

„Hey, schön, dich zu treffen!"

Schön, dass du mich überhaupt erkannt hast. Glatt geföhnt und ohne Schminke um die Augen.

Tatsächlich sah er aus, als sei er sich im ersten Moment nicht ganz sicher gewesen, die richtige Frau anzusprechen. Ich hingegen starrte ihn ganz direkt an. Er sah unglaublich jung und kräftig aus. Eine Sekunde später realisierte ich, dass jegliche Konversation am Tisch erstorben war. Bei einem Blick auf meine Freundinnen konnte ich Gilas hochgezogene Augenbrauen genauso erkennen, wie Sieglindes fassungsloses Gesicht.

„Äh", sagte ich und blickte weiterhin erst nur auf Jonas und dann, mit leichter Verzögerung, zu der jungen Frau, die neben ihm stand. Sie war einen Kopf kleiner als er, ihr Haar hing bis zu den Hüften, sie war dunkelbraun gebrannt und trotzdem faltenfrei und konnte es sich lässig leisten, dass ihr Top weit oberhalb des Bauchnabels endete.

Ein verlegenes Schweigen entstand, dann lachte der Schwede kurz auf, tippte mir mit einer liebevollen Geste auf die Nase, küsste mich auf die Wange und hob zum Abschied die Hand.

„Ich will nicht stören, du bist ja offensichtlich in Begleitung." Die Blicke meiner Freundinnen huschten teils fragend, teils aufgeregt hin und her.

„Schön, dich getroffen zu haben." Ich lächelte, entgegen jeder Vernunft. Er grinste zurück. Bis zu diesem Moment hätte alles gut gehen können. Wir hatten uns komplizenhaft konspirativ verhalten und hätten mit Nonchalance auseinandergehen können. Wenn nicht Sieglinde in diesem Moment eine Art Erleuchtung bekommen hätte.

„Der Schwede", murmelte sie laut genug, dass alle es hören konnten.

Jonas' Kopf drehte sich in Richtung meiner Freundin, während seine Begleiterin nun die Augen zum Himmel verdrehte und ungeduldig an seinem Ärmel zupfte.

„Was für ein Schwede?", wollte nun Gila wissen, deren Augenbrauen wieder in ihre ursprüngliche Position gefallen waren.

„Keine Ahnung. Dieser Schönhuber hat heute Morgen etwas erzählt von Hanni und ...".

„Schluss jetzt, ich muss doch sehr bitten. Ich sitze hier neben euch", rief ich meine Freundin zur Räson.

„Tut mir leid", flüsterte ich Jonas zu, der jetzt seinerseits etwas verunsichert wirkte.

„Schönhuber? Ist das ein Freund von dir?", fragte er.

„Nein, natürlich nicht, ich kenne den Mann kaum", erwiderte ich.

„Du hast einem Fremden von uns erzählt?" Er wirkte eher erstaunt als verärgert.

„Nein, natürlich nicht. Er hat mich gesehen, als ich heute Morgen aus deinem Haus kam und ..."

„*Was* hast du gemacht?" Sieglinde wieder.

„Gar nichts!", muffelte ich sie an.

„Also, das würde ich so aber nicht bezeichnen", meldete sich jetzt mein One-Night-Stand. Er schien amüsiert.

„Bitte, das müssen wir hier doch nicht erörtern." Ich hörte selbst, wie gequält meine Stimme klang. Wie kam ich bloß aus dieser Situation wieder heraus? Mein Blick huschte zu Jonas' Begleiterin, die sichtlich gelangweilt war von unserer Konversation. Oder sie verstand schlicht nichts, vielleicht sprach sie kein Deutsch.

„Nicht, dass deine Freundin irgendwas in den falschen Hals bekommt", setzte ich noch hinzu.

„Meine Freundin?" Sein Blick wanderte zu der Braungebrannten, die ihm nun mit einer Kopfbewegung unmissverständlich klar machte, dass ihre Geduld langsam vorbei sei.

„Dai, Jonas, vieni. Ho fame!", quengelte die italienische Schönheit in diesem Moment.

Der Angesprochene zuckte kurz die Schulter und sah mich mit verschwörerischem Blick an. „Sie hat Hunger. Aber es ist nicht so, wie du denkst. Bis bald, hoffentlich."

Dann stolzierte er mit seiner Begleiterin davon.

Meine Blicke folgten den beiden, bei der Erinnerung an Jonas' Hände auf meinem Körper wurde mir heiß und kalt. Ich seufzte, unwillkürlich und unüberhörbar.

Gila kam von rechts, Sieglinde von links.

„Du kommst mir hier nicht weg, bevor du uns nicht gesagt hast, wer das ist!" Gilas Stimme klang fast schon autoritär.

„Das ist der Schwede, das habe ich dir doch schon gesagt", zischte Sieglinde, die Gila gegenüber ja einen Wissensvorsprung hatte.

„Er heißt Jonas, ich habe ihn gestern am Strand kennengelernt, zusammen mit Gertrud ..."

„Die Italienerin heißt Gertrud?" Sieglinde riss die Augen auf.

„Nein. Wenn du mich hättest ausreden lassen, wüsstest du jetzt schon, dass Gertrud sein Hund ist. Wie die junge Frau an seiner Seite heißt, weiß ich nicht!"

„Seit wann interessierst du dich für Hunde?", fragte Gila, die die Art meiner Beziehung zu Jonas immer noch nicht begriffen hatte.

„Sie interessiert sich für den Kerl!", zischte Sieglinde und schoss ein paar ungläubige Blicke zu meinem Bekannten ab. Der schob gerade, ganz gentlemanlike, seiner Begleiterin den Stuhl zurecht, bevor er sich ihr gegenüber setzte.

„Der Kerl hat eine Freundin." Gila zuckte die Schulter und schüttelte verständnislos den Kopf. „Was sollte Hanni von ihm wollen."

„Seinen Körper", verkündete ich mit Grabesstimme. Denn just in diesem Moment, als ich Jonas' schlanke Muskeln unter dem aufgerollten Hemdärmel sah, mich an seinen Geruch erinnerte und daran, was wir alles miteinander gemacht hatten und wie aufregend es gewesen war, überkam mich eine tiefe Traurigkeit. Vor allen Dingen beim Gedanken daran, dass es keine Wiederholung geben würde.

„Es war nur eine Nacht, aber in meiner Erinnerung wird sie ewig dauern."

„Himmel, Hanni. Ein bisschen weniger pathetisch geht es wohl nicht?" Gila beugte sich mit großen Augen zu mir herüber. „Hast du nicht später noch eine Verabredung mit einem ebenfalls sehr adretten Kerl? Diesem Vittorio?"

Ja, natürlich, das katapultierte mich zurück ins Hier und Jetzt.

„Du hast … du hast doch nicht … du wirst doch nicht …", stammelte Sieglinde, die nun das wahre Ausmaß meiner Begegnung begriffen hatte. „Mit einem wildfremden … so jungen …"

„Ja, ich habe. Und nein, ich bereue es nicht. Und falls es dich interessiert, Sieglinde, es fühlte sich richtig an. Gut. Sinnlich. Schön. Lebendig. Ja, vor allem lebendig!"

„Wow!", machte Gila und drehte sich dezent um, um den Schweden noch einmal zu begutachten.

„Du bist zu alt für solche Eskapaden!", zischte Sieglinde und schob den Teller mit der Bruschetta zur Seite.

„Ich will nicht zu alt sein für Liebe und Leidenschaft. Nicht heute und nie mehr", verkündete ich.

Wir drei sahen uns an.

Gilas Augen blitzten amüsiert auf. „Ehrlich, Hanni, das hätte ich dir nicht zugetraut. Aber ich finde, du hast die richtige Wahl getroffen. Wenn einer, dann so einer. Scheint wirklich nett zu sein und ist ein Hingucker."

„Die junge Frau, die da bei ihm ist …"

„Die ist mir egal!", fiel ich Sieglinde ins Wort. „Wir hatten eine schöne Nacht und mehr will ich gar nicht." Ich legte ihr meine Hand auf den Arm. „Schieb mal deine hohen moralischen Erwartungen an mich zur Seite. Mir geht es nämlich ganz gut mit allem, was gerade passiert."

Einen Moment lang war es ganz still an unserem Tisch. Dann seufzte Sieglinde. „Wenigstens ist er gut erzogen", meinte sie dann noch und Gilas Schuh traf unterm Tisch mein Schienbein, bevor ich darauf irgendetwas antworten konnte.

***

Als wir das Restaurant verließen, winkte ich Jonas kurz zu. Er antwortete auf dieselbe Weise und lächelte aufmunternd.

Ein Taxi brachte uns zum Hotel zurück, wo wenig später eine dunkle Limousine aufkreuzte, um uns abzuholen. Vittorio würde uns im Casino in Imperia erwarten. Gila wollte mit Luca nachkommen und verschwand erst einmal in ihrem Hotelzimmer um sich noch ein wenig aufzuhübschen.

So, wie es aussah, hatte auch Sieglinde ihrem Verehrer geflüstert, wo sie am späten Abend anzutreffen waren. Der biedere Berthold stürmte auf meine Freundin zu, kaum dass wir das Casino betreten hatten. Schon bei der Begrüßung schrie er Sieglinde versehentlich an, bevor er, irritiert durch ihre Reaktion darauf, wieder an seinem Hörgerät herumschraubte.

Ich sah mich grinsend um und erspähte Vittorio. Er saß auf einer unbequem aussehenden Bank, ein Bein elegant aufs andere gelegt, neben ihm lehnte ein schwarzer Stock mit einem silbernen Griff.

Einen Moment lang nahm ich das Bild in mich auf. Vittorio sah nicht nur gut, sondern auch ziemlich entspannt aus. Er war so ganz anders, als mein junger Schwede, aber ebenfalls ganz reizend und ich hätte in diesem Moment nicht sagen können, wer von den beiden so unterschiedlichen Männern mir besser gefiel. Ich trat auf ihn zu und wurde überaus herzlich begrüßt. Ein Strahlen legte sich über Vittorios Gesicht und er zog meine Hand an seine Lippen, um einen Kuss darauf zu hauchen.

„Gehen wir hinein", meinte er dann. Sehr gentlemanlike nahm er meinen Arm und ging, von mir geführt und unter gelegentlichem Einsatz seines Stocks, in den große Saal. Während es Sieglinde und Berthold sofort zum Kartentisch zog, bat Vittorio mich, ihn zum Roulette zu führen. Er hatte bereits einen ganzen Berg Jetons gekauft und schob ihn mir nun in zwei gleich große Stapel geteilt zu.

„Sie setzen mit dem einen Stapel für mich, mit dem anderen für sich", lautete seine Ansage.

Es war aufregend, zwischen lauter Leuten zu sitzen, die bereits vom Spielfieber gepackt waren. Ein Summen lag in der Luft, eine Atmosphäre umgab mich, die signalisierte, vieles sei möglich.

Da ich vorher noch nie mit Glücksspiel zu tun hatte, musste er mir die Regeln erklären.

„Es gibt für jeden eine Strategie", erläuterte er mir. „Wer kein Risiko eingehen möchte, setzt anfangs vielleicht auf Schwarz oder Rot. Man kann seinen Einsatz verdoppeln oder ganz verlieren. Passiert Letzteres, empfiehlt es sich, beim nächsten Mal den doppelten Einsatz zu bringen. Ich nenne es die Angsthasen-Strategie. Denn seien wir mal ehrlich, wer will schon am Spieltisch auf Nummer so-sicher-wie-möglich gehen?"

Ich! Ich ganz bestimmt.

Nervös drehte ich die Jetons in Händen, die Vittorio für uns gekauft hatte.

„Sehr viel riskanter ist es, auf eine einzelne Zahl zu setzen. Die Chance ist nicht allzu hoch, aber gewinnt man, wird man mit dem 35-fachen seines Einsatzes belohnt."

Nun ja, das würde ich sicherlich nicht anwenden.

„Wie spielen Sie?", wollte ich wissen.

„Anfangs ausgewogen."

Was damit gemeint war, merkte ich schnell, denn Vittorio bat mich, für ihn die Einsätze zu legen. Er setzte auf Vierer- oder Sechsergruppen und vervielfachte seine Jetons im Gegensatz zu mir, die ich tatsächlich nur auf Schwarz oder Rot oder höchstens mal auf eine Kolonne setzte, kontinuierlich.

Viel aufregender als das Roulette fand ich es, neben Vittorio zu sitzen. Jedes Mal, wenn ich mich vorbeugte, um unsere Jetons auf den Tisch zu legen, streifte ich ihn leicht. Sein Duft, irgendetwas mit Pinie, streichelte meine Nase. Und immer, wenn sich unsere Hände leicht berührten, lief ein Kribbeln unter meiner Haut entlang. Die ganze Zeit über war mir, als habe ich Champagner im Blut. So leicht und sanft berauscht fühlte ich mich.

„Im Spiel und in der Liebe sollte man gelegentlich Risiken eingehen. Das bringt ein gewisses Prickeln ins Leben und wenn man Glück hat, zieht man den Hauptgewinn", sagte Vittorio irgendwann. Im selben Moment sah ich Gila mit Luca hereinschlendern. Meine Freundin schien von innen zu leuchten und Luca wirkte äußerst unternehmungslustig. Offensichtlich hatte er seinen Aufenthalt in Ceriale auf unbestimmte Zeit verlängert. Gleich darauf, die beiden hatten sich zu uns gestellt, kam auch Sieglinde strahlend zu uns herüber, gefolgt von einem etwas geknickt wirkenden Berthold.

„Schaut mal, was ich beim Black Jack gewonnen habe!" Sieglinde zeigte uns ihre Jetons, die sich scheinbar mühelos vervielfacht hatten.

„Ich dachte, ihr spielt nur Rommé und Canasta?", staunte ich.

„Sieglinde hat eiserne Nerven. Sie könnte sogar pokern", erläuterte Berthold.

„Alle Achtung. Du birgst wirklich Überraschungen." Gila hob den Daumen.

Sieglinde nickte ihr gnädig zu.

Später, wir hatten gerade unsere Jetons wieder zurückgetauscht, stellte sich heraus, dass Sieglinde tatsächlich diejenige von uns war, die mit Abstand den meisten Gewinn aus der Sache geschlagen hatte. Berthold hatte alles verloren und ließ den Kopf hängen, bei Gila und Luca hielt es sich die Waage. Während Vittorio zufrieden sein konnte, hatte es bei mir nicht zu mehr als ein paar Euro Gewinn gereicht.

„Vielleicht stoßen wir in der Bar noch mit einem Glas Prosecco auf den Abend an?", schlug Vittorio vor. Eine Antwort konnten wir ihm nicht mehr geben, denn im selben Moment brach die Hölle über uns herein.

13

Was genau als Erstes geschah, hätte ich später gar nicht mehr zu sagen gewusst. Auf jeden Fall stürmten rund zwei Dutzend schwarz gekleidete Männer mit Sturmhauben auf dem Kopf das Casino und warfen jeden männlichen Besucher ohne viel Federlesens zu Boden. Die ließen sich das natürlich nicht einfach so gefallen. Lautes Geschrei mischte sich in das Lamentieren der Casinobediensteten. Auch bei den teils kreischenden, teils wie paralysiert wirkenden Frauen klickten die Handschellen und ehe wir es uns versahen, wurden wir alle in dunkle, gepanzerte Wagen gesetzt und abtransportiert.

Alles war so schnell gegangen, dass wir kaum Zeit gehabt hatten uns zu fragen, was das Ganze solle. Auf der Polizeiwache herrschte völliges Chaos. Gut gekleidete Männer und Frauen stritten in allen möglichen Sprachen mit den Polizisten, die wiederum stoisch einen Ausweis nach dem anderen prüften und die Verhafteten, getrennt nach Geschlechtern, anschließend in Verwahrung nahmen. Ich war die erste von uns, die ihre Personalien angeben musste. Anschließend landete ich in einer großen und dennoch bereits ziemlich überfüllten Sammelzelle. Die Frauen um mich herum schienen bereits früher am Abend eingesammelt worden zu sein. Sie beäugten mich interessiert. Ihrer Kleidung und der Art ihres Benehmens nach handelte es sich keineswegs um Casinobesucherinnen. Ihre kurzen Röcke und engen Oberteile in meist grellen Farben deuteten auf ein horizontales Gewerbe hin. Die Fragen, die sie mir stellten, verstand ich nicht und zuckte ständig mit den Schultern. Irgendwann einmal hatte mir jemand erzählt, „niente capisco" würde „ich verstehe nichts" bedeuten. Also wiederholte ich diesen Satz fast ununterbrochen, was ab einem bestimmten Moment jedes Mal zu einem Heiterkeitsausbruch führte.

„Die Damen foppen Sie. Sie fragen nach ihrem Namen und Sie antworten *Nix verstehen*", unterbrach eine männliche Stimme das lustige Spiel. Der Mann war klein, untersetzt, trug einen beeindruckenden Schnurrbart und stellte sich als Avvocato Roberto Sereno vor. Begleitet wurde der Anwalt von einem Uniformierten, der einen Schlüsselbund in Händen hielt.

„Signore Benassi schickt mich", erklärte der Schnurrbärtige.

„Kenne ich nicht", antwortete ich prompt.

Er hob die Brauen, die fast genauso dicht und auf jeden Fall genauso tiefschwarz wie der Schnurrbart waren.

„Vittorio Benassi", setzte er hinzu.

Ach so. Bisher hatte ich Vittorios Nachnamen ja noch gar nicht gekannt.

„Ich habe bereits alles geklärt, damit Sie hier herauskommen." Sein Blick wanderte vielsagend zu den Frauen hinter mir. Die hockten immer noch giggelnd auf den schmalen Bänken, die sich an den Wänden entlangzogen.

„Niente capisco!", rief mir eine Frau in einem pinkfarbenen, mindestens zwei Nummern zu kleinen

Kleid hinterher, als der Polizist die Zelle aufschloss, um mich hinauszulassen.

„Capisco!", rief ich zurück und zwinkerte dabei. Sie lachte, aber gutmütig.

„Was ist mit meinen Freundinnen?", fragte ich Sereno, der schnellen Schrittes den engen Gang entlang vor mir herlief. Vor ihm ging der Polizist, der uns nun die Tür zur Wache öffnete.

„Tut mir leid, das weiß ich nicht. Herr Benassi hatte genau einen Anruf frei, er hat mich kontaktiert und darum gebeten, Ihnen, Frau Roos, behilflich zu sein.

„Warum hat man uns eigentlich verhaftet?", wollte ich wissen.

Jetzt waren wir durch die Tür. In keiner der zwei Zellen, an denen wir vorbeigekommen waren, hatte ich Sieglinde und Gila gesehen. „Der Staatsanwalt ist ein junger, hungriger Mann. Er hat diese Razzia angesetzt, weil die Justiz gute Gründe hat, anzunehmen, dass sich unter den Gästen des heutigen Abends einige seit langer Zeit gesuchte Kriminelle befunden haben. Es geht um Geldwäsche und die *famiglia*, wenn Sie verstehen, was ich meine. Mehr darf ich Ihnen nicht sagen."

Wir betraten die Wache, die Tür zu den Arrestzellen wurde hinter mir geschlossen. Abrupt blieb ich stehen, als ich begriff, was der Anwalt gerade von sich gegeben hatte. *La famiglia.*

Mafia? Hier im Norden? Trieben die nicht eher in Kalabrien ihr Unwesen? Und wo war Vittorio? „Aber ... was ist mit Vittorio? Also mit Herrn Benassi?" Sereno drehte sich zu mir um.

„Um ihn kümmere ich mich noch. Sein Wunsch war es, Sie zuerst aus dem Arrest zu befreien. Draußen wartet ein Wagen, der Sie in Ihr Hotel bringen wird."

Zwei Beamte beäugten uns hinter dem Tresen der Wachstube hervor aufmerksam.

Sereno griff nach meinem Ellbogen. „Kommen Sie, bevor man es sich hier anders überlegt." Mit diesen Worten zog er mich aus dem Gebäude. Ein Taxi wartete davor auf mich und nach kurzem Zögern stieg ich ein. Vielleicht waren ja auch Gila und Sieglinde schon längst wieder zurück in Ceriale.

Der Anwalt wechselte ein paar Worte mit dem Taxifahrer, drückte ihm ein Bündel Geldscheine in die Hand und hob zum Abschied die Hand. Mit ernstem Gesicht beobachtete er meine Abfahrt. Weil ich mich umdrehte sah ich, dass er mindestens solange vor dem Polizeigebäude stehen blieb, bis ich aus seinem Gesichtsfeld verschwunden war.

14

Der Fahrer und ich hatten kein Wort gewechselt. Doch er erwies sich als umsichtig. In Ceriale klingelte er, am Hotel angekommen, den Nachtportier heraus und wartete, bis ich im Haus war. Es war vier Uhr morgens, ich war gleichzeitig hundemüde und völlig überdreht. Weder Gila noch Sieglinde befanden sich im Hotel und ich begann, mir ernsthaft Sorgen zu machen.

Nervös tigerte ich im Zimmer auf und ab, trank mindestens einen Liter Wasser, denn ich fühlte mich auf einmal wie ausgetrocknet, dabei tippte ich alle paar Minuten erst Gilas und dann Sieglindes Zimmernummer auf meinem Hotelapparat ein. Umsonst. Rational wusste ich natürlich, dass die beiden sich bei mir gemeldet hätten, wären sie in der Zwischenzeit zurückgekommen. Aber zum Nichtstun verdammt zu sein, war eben auch nicht schön.

Irgendwann musste ich vor Erschöpfung eingeschlafen sein. Jedenfalls erwachte ich am nächsten Morgen, noch immer angekleidet, auf meinem Bett liegend. Sofort fragte ich am Empfang nach, aber weder waren meine beiden Freundinnen wieder aufgetaucht, noch lag eine Nachricht für mich vor. Was war mit Vittorio? Warum hatte der Anwalt ihn nicht aus der Zelle holen können? Noch einmal vergegenwärtigte ich mir die Geschehnisse des vorangegangenen Abends. Es mussten sich zum Zeitpunkt der Razzia circa 100 Personen im Raum befunden haben. Dass darunter auch Kriminelle gewesen sein sollten, jagte mir noch im Nachhinein einen Schauer über den Rücken.

Aus dem Badezimmerspiegel sah mir ein äußerst unvorteilhaftes Konterfei entgegen. Mein Haar lag auf einer Seite platt an, auf der anderen stand es in alle Himmelsrichtungen ab. Unter den Augen lagen tiefe Schatten. Auf der rechten Wange hatte sich ein Mascarafleck gesammelt. Meine Haut war von der Aufregung von roten Flecken gesprenkelt. Ich brauchte dringend eine Dusche und eine Renovierung. Dann würde ich nach Imperia fahren und in der Polizeistation nach Gila und Sieglinde fragen. Und nach Vittorio. Luca und Berthold mussten selbst sehen, wie sie da wieder rauskamen. Aber lang konnte es nicht mehr dauern. Schließlich dürfte die Polizei inzwischen alle Angaben geprüft haben.

Ich beeilte mich. Gerade als ich, geduscht, gekämmt, dezent geschminkt und angetan mit einer leichten Leinenhose und der dazu passenden Bluse aus meinem Zimmer trat, wankte über den Gang eine mir bestens bekannte, ziemlich derangierte Gestalt auf mich zu.

„Gila!", rief ich aus.

„Mensch, Hanni. Ich wollte nicht ohne dich gehen und habe fast eine Stunde lang gebraucht um zu verstehen, dass sie dich nicht mehr in Gewahrsam haben." Sofort regte sich mein schlechtes Gewissen. Immerhin hatte ich die Arrestzelle bereits am Vorabend verlassen können. Oder am sehr frühen Morgen dieses Tages, um genau zu sein.

„Vittorios Anwalt hat mich rausgeholt. Ich konnte leider nichts für dich und Sieglinde tun. Nicht einmal mit euch sprechen."

Apropos Sieglinde.

„Sie haben sie noch dort behalten, soviel kann ich dir sagen." Gila fuhr sich durchs Haar, das inzwischen auch nicht mehr fluffig aussah. „Hast du etwas von den Männern gehört?"

Ich schüttelte den Kopf.

Vielleicht waren es die Strapazen der Nacht, die verhindert hatten, dass ich bis zu diesem Augenblick klarer denken konnte. Auf jeden Fall kamen mir einige Dinge in den Sinn, die mit dem zu tun hatten, was Vittorios Anwalt mir erzählt hatte.

„Es soll sich um Geldwäsche handeln. Eine oder mehrere der gestern im Casino anwesenden Personen werden verdächtigt, mit der Mafia zusammenzuarbeiten."

„Was?" Gila schlug die Hand vor den Mund. „Deshalb verhaften sie uns kurzerhand alle?" Eine steile Falte erschien auf ihrer Stirn.

„Sie wussten wohl nicht, wer es ist und sieben nun alle durch." Einen Moment lang starrten wir uns an, dann zeigte mir Gilas flackernder Blick, dass ihr derselbe Gedanke kam, wie mir.

„Luca?", flüsterte ich. „Könnte Luca etwas damit zu tun haben?" Gilas Lider zitterten, dann rannte sie abrupt in Richtung ihres Zimmers. Ich folgte ihr. Angekommen öffnete sie ihren Schrank, tauchte mit dem Oberkörper ein und holte ein rund ein Meter hohes Paket heraus. Schnell war das Packpapier abgerissen, darunter befanden sich mehrere Lagen Luftpolsterfolie, die sie ebenfalls eilig entfernte. Zum Vorschein kam ein Gemälde, es steckte in einem flachen, dunkelgrünen Rahmen und zeigte eine Frau, die wie hingegossen auf einer Fensterbank saß. Sie hatte das schmale Gesicht in eine Hand gestützt und blickte aufs Meer hinaus. Ein Gemälde, das Sommer, Sonne und *dolce far niente* in starken Farben und mit geübtem Strich zusammenbrachte. Gila drehte und wendete das Bild, untersuchte den Rahmen und die Rückseite. Schließlich ließ sie es sinken. „War wohl eine Kurzschlussreaktion", murmelte sie dann. Ich wusste, was sie sich dabei gedacht hatte. Wenn Luca ein Gauner war, einer, der mit der Mafia zusammenarbeitete, musste sie natürlich befürchten, dass er seine Galerie ebenfalls dazu nutzte und mit dem Bild nicht alles mit rechten Dingen zuging.

Sie sank auf das Bett, den Blick zu Boden gerichtet.

„Dass Luca sich noch in Polizeigewahrsam befindet, muss nichts heißen", beruhigte ich sie. „Vittorio hat sich ebenfalls noch nicht bei mir gemeldet. Die Polizei darf jeden 24 Stunden festhalten, sagt der Anwalt."

„Komisch, dass dein Vittorio auch noch nicht entlassen wurde."

Ich schüttelte automatisch den Kopf. „Das will nichts heißen", murmelte ich. „Immerhin könnte es jeder andere Casinobesucher auch sein."

Eine knappe Stunde später saßen die inzwischen ebenfalls frisch geduschte Gila und ich im Frühstücksraum. Eine große Kanne Kaffee und eine kleinere mit aufgeschäumter, heißer Milch sowie ein Korb mit Brot standen vor uns. Die Kellnerin brachte frisch zubereitete Omeletts, die köstlich nach heißer Butter und Schinken dufteten. Jetzt erst bemerkte ich, wie hungrig ich war. Während wir alles, was wir wussten, zusammentrugen und die Razzia rekapitulierten, aßen wir.

„Wir fahren da jetzt noch einmal hin", war auch Gilas Meinung. „Sieglinde müsste doch ebenfalls bereits entlassen worden sein. Es leuchtet mir nicht ein, dass sie noch in Gewahrsam gehalten wird."

In diesem Moment betrat ein hoch gewachsener Italiener in einem tadellos sitzenden dunkelblauen Anzug den Frühstücksraum und blickte sich suchend um. Begleitet wurde er von zwei Carabinieri in schneidigen Uniformen und einer sehr blassen Empfangsmitarbeiterin, die mit einem Finger dezent auf uns deutete.

„Ich glaube, wir bekommen Besuch", raunte ich Gila zu. Die drehte sich stirnrunzelnd um, da kamen die drei Männer auch schon schnurstracks auf uns zu.

15

„Sie kannten also keinen der drei Männer, in deren Begleitung Sie sich gestern Abend befanden, bevor Sie nach Ceriale kamen?"

Gila und ich schüttelten zum gefühlt hundertsten Mal den Kopf. So, wie der Commissario diese Frage immer wieder stellte, kam es uns bereits vor, als wäre der Casinobesuch mit unseren Begleitern eine sittlich verwerfliche Aktion gewesen.

„Wo ist Sieglinde Walbrunn?", hatte ich den Polizeibeamten gefragt. Doch statt eine Antwort zu geben, fragte er uns seither Löcher in den Bauch.

Immer wieder mussten wir darüber Auskunft geben, was wir über Luca und Vittorio wussten. Dass es nicht viel war, glaubte man uns offensichtlich nicht.

„Woher hatte Ihre Freundin so viel Geld?", wollte er dann auf einmal wissen.

Sie mussten Sieglindes Handtasche gefilzt haben.

„Sie hat im Casino beim Black Jack gewonnen", informierte ich ihn. „Sehr viel gewonnen."

Einer der Uniformierten schrieb fleißig mit, der andere wirkte eher so, als verstünde er kein Deutsch.

„Der Mann in ihrer Begleitung, dieser ...", er tat so, als suche er nach dem Namen. Weder Gila noch ich reagierten darauf.

„Dieser Berthold Weber", vervollständigte er schließlich seinen Satz. „Hatte er etwas mit Frau Walbrunns Geld zu tun?"

Nein, natürlich nicht. Meine Freundin Sieglinde hatte sich zu unser aller Überraschung als eine knallharte

Zockerin erwiesen, die beim Black Jack eiskalt abgeräumt hatte. Wer hätte das gedacht? Ich nicht und Gila sicher auch nicht. Und dieser Berthold war neben ihr gestanden wie ein Tropf, hatte ständig an seinem Hörgerät herumgefummelt und uns mit seinem „jetzt geht's" und dann wieder „doch nicht" furchtbar genervt.

Schließlich zogen die drei Polizisten Leine. „Reisen Sie nicht ab, ohne uns zu verständigen", sagte der Commissario zum Abschluss, bevor er sein Mobiltelefon hervorzog und begann, in einem schnellen Stakkato hineinzusprechen.

Wir sahen den Männern nach, bis sie das Restaurant verlassen hatten. Dann starrten wir uns an. Mafia! Geldwäsche! Sieglinde! Sollten sich deren Ängste und Befürchtungen über die italienische Kriminalität jetzt bewahrheitet haben?

Gilas Handy summte ungefähr eine Stunde nachdem die drei Männer uns verlassen hatten. Aus dem Stoßseufzer, den sie ausstieß, konnte ich schließen, dass es gute Nachrichten waren.

„Luca ist entlassen worden. Er fragt, wie es mir geht. Wie es uns geht."

Also war Vittorio noch in Haft. Und Sieglinde auch.

Ich machte mir Sorgen. Um Sieglinde, die ja kein Italienisch sprach und vermutlich inzwischen das reinste Nervenbündel war. Und um Vittorio. Wie mochte er sich fühlen, inmitten einer Zelle mit lauter echten Räubern und Verbrechern? Dass er nicht dazugehörte, war mir klar. Das wiederum erstaunte mich selbst ein wenig. Wir kannten uns kaum, dennoch dachte ich nun mit einem gewissen Herzschmerz und voller Zuneigung an ihn. Hoffte, dass er bald entlassen werden würde. Dass wir uns bald wiedersehen würde. Wünschte mir, dass diese Casino-Episode schon bald lediglich eine Anekdote in unserem Leben sein würde.

In unserem Leben? Hanni, was denkst du da?

„Jetzt brauche ich erst noch einen Espresso. Dann fahren wir Sieglinde holen", verkündete Gila in meine Gedanken hinein. Wir wandten uns um, um zur Bar zu gehen. Plötzlich blieb Gila stehen und hielt mich am Arm zurück. Ihre Augen schimmerten auf einmal sehr kühl und fragend.

„Was ist, wenn Vittorio da mit drinhängt?" Ihre Stimme war ganz leise, aber stahlhart.

„Vittorio? Wie kommst du denn darauf?"

„Weil er noch in Haft ist. Und er der Einzige von den drei Männern war, der gestern bereits im Voraus gewusst hat, wo wir am Abend sein werden. Luca hat mich lediglich begleitet und dieser Berthold ist nur wegen Sieglinde da gewesen."

Mir wurde ganz kalt am Rücken.

„Aber Gila, das ist doch Unsinn. Natürlich hat Vittorio das Ganze eingefädelt. Aber warum sollte ihn das verdächtig machen?"

Gila ließ meinen Arm los. Sie sah so ernst aus, dass ich automatisch einen Schritt zurücktrat.

„Weil die Polizei wusste, dass derjenige im Casino sein würde. Das geht nur, wenn die betreffende Person es geplant hat."

Geplant? Vittorio hatte den Vorschlag gemacht. Das stimmte. Aber war er deswegen mehr verdächtig als die anderen Anwesenden?

„Soweit ich Luca verstanden habe, ist einer nach dem anderen entlassen worden. Er saß mit Vittorio in einer Sammelzelle, daher weiß er, dass der noch dort ist."

„Na und? War Vittorio eben der Letzte, der befragt wurde."

Gila schüttelte vehement den Kopf. „Luca hat über eine Stunde draußen gewartet. Er weiß ja, dass Vittorio blind ist und wollte ihm Umstände ersparen und ihn nach Hause begleiten. Aber dein Verehrer kam nicht."

Gilas Blick kam mir auf einmal sehr hart und unnachgiebig vor. Ihre Lippen bildeten einen scharfen Strich im Gesicht.

„Du willst doch nicht andeuten ..."

„Halli Hallo!", unterbrach uns eine Stimme von der Tür her. Freudig überrascht wandten wir uns zu ihr um. Sieglinde war wieder da. Mit wenigen Schritten war ich bei ihr und umarmte sie.

„Warum haben sie dich so lange dortbehalten?", wollte ich wissen. Sieglinde zuckte mit den Schultern. Ihr Gesicht zeigte deutlich ihre Verärgerung.

„Diese Italiener!", stieß sie endlich aus. „Alles Gauner und Verbrecher."

„Na, na, na", rügte Gila sie sofort. „Denk bitte daran, dass Hanni und ich zwei sehr netten Exemplaren begegnet sind."

„Ach ja, auf einmal ist Vittorio wieder nett? Hat sich eben aber ganz anders angehört", gab ich pampig zurück.

Sieglindes Augen huschten von mir zu Gila und wieder zurück. Gleich darauf zeigte sich so etwas wie Genugtuung auf ihrer Miene.

„Tut mir leid", entgegnete Gila seelenruhig. „Einen Moment lang hat mich die Vorstellung, er könne uns in diesen Schlamassel gebracht haben, einfach aufgeregt."

„Vittorio ist schuld an unserer Verhaftung?", nahm Sieglinde den Ball auf. „Das ist ja ein Ding!"

„Das hat doch niemand gesagt", entgegnete ich zornig. „Er ist einfach noch nicht entlassen worden. Vielleicht befragen sie ihn zuletzt."

„Einen Blinden?" Sieglindes Stimme spiegelte deutlich ihre Ungläubigkeit. „Sie sollten ihn zuerst befragen."

Ja, das hätten sie tun sollen.

„Hanni, wir wollten sowieso nach Imperia fahren, um nach Sieglinde zu sehen. Fahren wir eben jetzt wegen Vittorio hin."

Sieglinde gähnte heftig. „Habe kaum ein Auge zugetan in meiner Zelle", murmelte sie. „Ich muss unbedingt ins Bett."

Sie wankte davon und Gila legte besänftigend die Hand auf meinen Arm. „Komm Hanni, lass uns fahren."

16

Auf der Polizeiwache war es an diesem Morgen wesentlich ruhiger als bei unserer Festnahme.

„Signore Benassi?" Der diensthabende Polizist blickte uns misstrauisch an.

„Ja", antwortete Gila. „Ist er noch hier?"

Ein zweiter Polizist kam durch eine Tür, trat zu seinem Kollegen und flüsterte ihm etwas zu. Unser Ansprechpartner räusperte sich und schüttelte dann vehement den Kopf. „Tut mir leid, wir dürfen keine Auskunft geben."

Roberto Sereno war da nicht so verschwiegen. Der Anwalt gab einen brummenden Ton von sich, als er meine Stimme hörte.

„Herr Benassi wird voraussichtlich im Laufe des Tages entlassen", erklärte er mir am Telefon.

Halbwegs beruhigt gingen wir zu Gilas Auto, um nach Ceriale zurückzukehren, als mir noch etwas einfiel.

„Berthold. Sieglinde wird doch wissen wollen, was mit ihm ist." Doch auch diese Frage wollte man uns auf der Wache nicht beantworten. Mir war aber so, als tauschten die beiden Polizisten einen vielsagenden Blick, den ich nicht deuten konnte.

Bei unserer Rückkehr ins Hotel fanden wir Sieglinde in der Halle sitzend vor. Entgegen ihrer sonstigen Gewohnheit schien sie an diesem Tag weder ihr Horoskop zu lesen noch sich überhaupt um das bunte Blatt zu kümmern, das sie sonst immer bei sich trug.

Vielmehr sah sie ernst und nachdenklich aus und bemerkte uns erst, als wir direkt vor ihr standen.

„Wisst ihr, was ich mich die ganze Zeit frage?", lauteten ihre ersten Worte an uns. „Berthold hatte doch dieses Hörgerät, dessen Steuerungsmodul er an einem Band um den Hals trägt und das er ständig neu einstellen musste."

Ja, das hatten wir sehr lautstark mitbekommen.

„Aber als ich neulich etwas zu früh zum Canastanachmittag in die *Pension Romantica* kam, hatte er das Teil auf seinem Zimmer vergessen und mich trotzdem verstanden."

„Hast du ihn denn gefragt, warum er so plötzlich besser hört?", wollte Gila wissen.

Sieglinde schüttelte den Kopf. „Gleich darauf kam jemand, die Spielerunde startete. Später trug er das Gerät wieder, aber ich hatte die Sache dann vergessen. Bis eben."

Einen Moment lang war es ganz still. „Ich glaube, er sitzt noch im Gefängnis", murmelte ich leise. Ob mit oder ohne Hörgerät. Aber machte ihn das verdächtig?

In Sieglindes Augen wohl schon. Ganz langsam hob sie den Kopf. Langsam, ganz langsam zeichnete sich eine Erkenntnis auf ihrem Gesicht ab. Vielleicht die, dass das Hörgerät zu einer Tarnung gehörte. Ihn unverdächtiger machen sollte. Ein älterer Herr mit Hörgerät, wer dachte denn da an Verbrecher?

„Berthold?", flüsterte sie nach einer Weile. „Ihn haben sie noch dabehalten? Aber ... aber er hat mir doch gesagt, er sei immer nur zur Erholung hier."

So konnte man das auch nennen.

17

Dass Berthold der gesuchte Mann war wurde uns später am Tag durch Vittorio bestätigt. „Er war der ideale Geldkurier. Ein scheinbar harmloser Rentner aus dem Rheinland, der für einige Herrschaften hier Geld aus Italien nach Deutschland brachte, um es dort auf verschiedene Konten einzuzahlen. Die Übergabe hoher Summen fand teilweise im Casino statt. Nur, dass am fraglichen Abend der Kontaktmann schon vorher kalte Füße bekommen hat und gar nicht erst auftauchte. Sonst hätte Herr Weber einfach behauptet, er habe die Summe gewonnen. Die übliche Ausrede."

„Aber er wusste doch gar nicht, wohin wir an diesem Abend gehen wollten", wandte Sieglinde ein.

„Er wusste in der Tat nicht, dass *wir anderen* dorthin gehen würden. Er wäre auf jeden Fall ins Casino gegangen, das machte er natürlich öfter; immer, wenn er einen Anruf seines Lieferanten erhielt."

Für Sieglinde war es nicht nur ein herber Schlag, dass ihr Verehrer ein Verbrecher war. Nein, dass ausgerechnet ein harmloser Deutscher der Gesuchte war und nicht einer der Italiener, die sie für so gefährlich hielt, das wollte ihr natürlich nicht in den Kopf.

„Ein bisschen schämen kannst du dich schon", sagte ich zu ihr. „Seit wir in Italien sind, hast du Angst vor Dieben und Verbrechern. Italienischen, wohlgemerkt. Und dann fällst du ausgerechnet auf einen deutschen Geldkurier herein."

Ausgerechnet Gila verteidigte die Arme nun. „Sei nachsichtig, Hanni. Keine von uns hätte doch gedacht, dass Berthold der Übeltäter ist."

Nein, in der Tat. Ich schoss noch einen scharfen Blick zu Gila hinüber, aber die hatte bereits vergessen, dass sie einen Moment lang an Vittorio gezweifelt hatte. Ganz im Gegensatz zu mir. Ich war mir immer sicher gewesen, dass er mit der ganzen Sache nichts zu tun hatte.

Sieglinde war leise davongegangen, Gila und ich folgten ihr und fanden sie zusammengesunken auf einem Stuhl auf der Veranda des Hotels.

„Glück im Spiel, Pech in der Liebe, sagt man nicht so?", meinte sie tonlos, als wir uns neben ihr niederließen.

„Pech in Gefühlsdingen, das kann jedem mal passieren", meinte Gila tröstend.

„Dir wohl kaum", gab Sieglinde zurück. Mit einem, wie ich fand, sehr bitteren Unterton.

Innerlich machte ich mich bereits auf einen der von mir gefürchteten Schlagabtausche gefasst. Aber zu meiner Erleichterung seufzte Gila nur. Um dann nach einer kurzen Pause mit einer unerwarteten Aussage herauszurücken.

„Doch, das ist auch mir schon einmal passiert."

Überrascht hob ich den Kopf.

„Sogar schon recht früh in meinem Leben. Der erste Mann, der mich enttäuschte, war mein Vater." Sie drückte das Kreuz durch, legte ihre Hände auf den Tisch und sah grimmig von Sieglinde zu mir und wieder zurück. „Er verließ meine Mutter und mich, als ich noch sehr klein war. Ohne jede Erklärung. Ich habe ihn sehr geliebt, hing viel mehr an ihm als an meiner

Mutter und habe lange Zeit nicht begriffen, was los war. Erst gab ich mir die Schuld, als Teenager meiner Mutter und irgendwann begriff ich, dass es solche Menschen gibt. Sie gehen einfach aus deinem Leben heraus und lassen dich mit vielen Fragen zurück. Enttäuscht, wie ich war, warf ich mich als junge Frau dann ausgerechnet einem wesentlich älteren Mann an den Hals. Doch auch diese Beziehung war nicht von Dauer. Er war verheiratet, was ich zu spät und auf unangenehme Weise erfuhr. Ich jagte ihn zum Teufel, aber es fühlte sich dennoch so an, als hätte er mich verlassen. Wenn ihr versteht, was ich meine."

Sieglinde nickte nachdenklich.

„Seither lege ich viel Wert darauf, selbst die Regeln zu bestimmen. Mich nie an jemanden gebunden zu haben, erschien mir immer richtig."

„Weil du denkst, dass dich dann auch niemand verletzen kann?"

Sie sah mir direkt an. „Ja, Hanni. So ist es."

„Du willst also immer alleine bleiben?", fragte Sieglinde erstaunt.

„Nicht mehr als du auch", schmunzelte Gila. „Mit dem Unterschied, dass ich die Gesellschaft eines Mannes durchaus genieße. Nur eben zu eng soll es nicht werden."

Ich hob skeptisch die Brauen. Für mich war das nicht vorstellbar. Weder das eine noch das andere. Ich wollte den Rest meines Lebens nicht als Singlefrau verbringen. Aber auch nicht immer beziehungsmäßig à la carte leben.

18

Der Garten der Villa wurde durch Lichterketten, Lampions und Solarleuchten in ein weiches Nachtlicht getaucht. An den Tischen standen Grüppchen von Menschen, tranken Wein und naschten von dem Fingerfood, das livrierte Kellner auf Tabletts reichten. Leise Musik drang aus Lautsprechern, die man irgendwo in den Kronen der großen Bäume, die das Rasengrundstück umgaben, platziert haben musste.

Das Fest, zu dem Vittorio mich und meine zwei Freundinnen eingeladen hatte, fand einen Tag nach seiner Freilassung und der Entlarvung von Berthold statt. Es war bereits seit langer Zeit geplant gewesen. Ein Sommerfest, wie er es jedes Jahr veranstalte. Er habe, so sagte Vittorio mir, als er die Einladung aussprach, den Abend im Casino abwarten wollen.

„Denn vielleicht hätte sich herausgestellt, dass du dich mit mir nicht wohlfühlst. Dich in meiner Gegenwart langweilst. Oder einfach mit jemand ganz anderem deine Zeit verbringen möchtest." Seit ich mich bei ihm dafür bedankt hatte, dass er mich durch seinen Anwalt aus dem Polizeigewahrsam hatte holen lassen, hatten wir das förmliche *Sie* hinter uns gelassen und waren zum Du übergegangen.

Ob das nicht auch auf ihn hätte zutreffen können, dass er sich mit mir womöglich langweilte, fragte ich ihn, nachdem ich ihm versichert hatte, wie gerne ich in seiner Nähe war.

„Nein", antwortete er knapp. „Ich wusste bereits bei unserer ersten Begegnung, dass ich dich besser kennenlernen wollte. Sehr viel besser." Dabei hatte er tastend meine Hand in seine genommen und sie sanft gedrückt. Ich fühlte mich, als habe ich Brausepulver im Blut.

Sein Chauffeur holte Gila, Sieglinde und mich im Hotel ab und fuhr uns zu einem etwas versteckt in den Hügeln oberhalb Alassios liegenden Anwesen. Inmitten des parkähnlichen Gartens lag ein ebenerdiges, rechteckiges Haus dessen Sandsteinfassade mit den tief gezogenen Fenstern von indirekten Lichtquellen angestrahlt wurde. Auch Luca war eingeladen, er würde jedoch nachkommen. Die Geschehnisse rund um unseren Casinobesuch hatten uns allen zugesetzt. Umso angenehmer war die Vorstellung, sich nun bei der Gartenparty auf Vittorios Anwesen etwas entspannen zu können. Staunend betraten wir das große Anwesen.
Ich trug ein rotes Wickelkleid, das an den Säumen schwarz abgesetzt war, dazu hatte ich mein Haar hochgesteckt und meine Augen geschminkt. Jetzt fand ich mich selbst richtig hübsch. Vittorio hatte mich gebeten, kein Parfüm aufzulegen. „Ich habe eine Überraschung für dich", lautete seine Ankündigung.
Mein Herz hüpfte seit der Ankunft in der Villa wie verrückt in der Brust herum. Noch bevor ich mit Vittorio unter vier Augen sprechen konnte, war ein Bediensteter zu ihm getreten und hatte leise mit seinem Chef gesprochen, der mich daraufhin bat, ihn kurz zu entschuldigen.
Nun stand ich mit einem Glas Weißwein in der Hand im Garten, schaute auf all die gut gelaunten und gut gekleideten Menschen und kam mir auf einen Schlag

völlig einsam und verlassen vor. Auf einmal wurde mir klar, dass ich in Kürze wieder abreisen würde. Irgendwann würde Giulietta sich bei ihren Eltern melden. Sophia hatte mir versprochen, ihrer Tochter sofort reinen Wein einzuschenken und dafür zu sorgen, dass wir beide alleine und in Ruhe miteinander reden konnten. Danach wäre meine Mission erfüllt. Auch Sieglinde und Gila hatten bereits mehr Zeit hier mit mir verbracht, als ursprünglich eingeplant. Während Gila nach wie vor gut gelaunt mit Luca flirtete, war Sieglinde zurzeit etwas muffelig, was ich nach der Enttäuschung über Berthold sehr gut verstehen konnte.

Seitlich von mir entstand Bewegung. Ich drehte den Kopf und sah Vittorio über den Rasen gehen. Die Hand auf die Schulter seines Sohnes gelegt, schritt er aufrecht hinter diesem her. Sie waren auf dem Weg zu der kleinen Bühne, die am Rande des Gartens aufgebaut war. Einige Instrumente standen bereits dort und warteten auf ihre Musiker. Doch zunächst wollte der Hausherr seine Gäste begrüßen. Behände stieg er die drei Stufen hinauf und als sein Sohn ihm den Mikrofonständer in die Hand gab, dankte er ihm mit einem Nicken. Ich betrachtete den Mann, den ich erst seit wenigen Tagen kannte. Wie üblich trug er einen hellen Anzug, und einen dazu passenden Hut. Eine dunkle Sonnenbrille bedeckte seine Augen und mir wurde bewusst, dass ich die noch nie gesehen hatte. Waren sie dunkelbraun wie Espresso? Oder hell, wie Haselnuss? Oder gar grün wie Pistazien? Er hatte mir nicht gesagt, wie alt er war, aber er war wohl einige Jahre älter als ich. Sehr attraktiv mit seinem schmalen, gebräunten Gesicht und dem grau melierten schwarzen Haar. Nun lagen seine Hände am Mikro. Schlanke, elegante Hände. Plötzlich wurde mir der Hals eng. Ich dachte daran, wie diese Hände beim Tanzen auf meinem Rücken gelegen hatten. Und ich stellte mir vor, wie es wohl wäre, von diesen Händen berührt zu werden ... Mir wurde heiß und mit Verwunderung merkte ich, dass ich innerlich anfing zu zittern. Es war, als flögen in meinem Bauch Schmetterlinge auf.

Hanni, du bist zu alt für solche Sperenzchen, flüsterte eine gemeine kleine Stimme in mein Ohr.

Nein, entgegnete eine andere, wesentlich angenehmere, *man ist nie zu alt für ein Rendezvous mit dem Leben!*

„Buonasera amici e amiche", begrüßte der Mann, der gerade meinen Hormonhaushalt gewaltig in Schwung brachte, nun die Anwesenden. Eine Stimme, die erneut Schübe von Wohlempfinden in mir auslösten. In Regionen, die in den letzten Jahre eher unter vergessene Landschaften einzuordnen gewesen waren und die nun aufblühten wie ein Rosengarten nach einem Frühlingsregen.

Was er sonst noch sagte, verstand ich nicht, denn er sprach natürlich Italienisch. Sein Lächeln, die Art, wie der das Gesagte intonierte, die kleinen Pausen, die er einlegte sprachen für sich. Auch die Reaktionen der Anwesenden, die lachten und klatschten, zeigten mir, dass Vittorios Worte bei seinen Gästen gut ankamen. Am Ende hob er die Hände in einer einladenden Geste. Dann klatschte auch er, sein Sohn zeigte auf die fünf Männer in burgunderroten Anzügen, die nur darauf gewartet hatten, auf die Bühne zu eilen. Sie verbeugten sich nun zum Publikum hin und nahmen gleich darauf ihre Instrumente auf. Vittorios Sohn führte seinen Vater zurück in den Garten und dort zwischen seinen Gästen herum. An jedem der Tische blieben die beiden kurz stehen, wechselten ein paar Worte, dazwischen gab es einige Umarmungen, die üblichen Küsschen auf die Wangen, es wurde gelacht. Dann begannen die Musiker auf ihrem Podest einen Frank Sinatra-Song zu intonieren. Zu den ersten Tönen von *Strangers in the Night* schlenderten Paare auf die eigens vor dem Podest angelegte Tanzfläche. Ich blieb einfach stehen. Mir war nicht danach, mit fremden Menschen zu plaudern. Auch zu Gila und Sieglinde, die gerade das Buffet plünderten, zog es mich gerade nicht. Es war wie ein Schock, als ich begriff, was mit mir los war. Ich wollte einfach nur stehen bleiben und den Mann betrachten, in den ich mich verliebt hatte.

19

Mit der Liebe war es ja so eine Sache. Nie wusste man genau zu sagen, aus welchem Grund man sich in jemanden verliebte. Mit Vittorio ging es mir nicht anders. Eigentlich wusste ich nichts von ihm. Dass er wohlhabend, wenn nicht sogar reich war, konnte ich aus seiner Villa, der Kleidung, dem Auftreten schließen. Aber sonst ...? War er von Geburt an blind? Er hatte einen Sohn, aber wo war Giannis Mutter? Wie war Vittorios Verhältnis zu ihr? All diese Fragen purzelten in meinem Kopf durcheinander, während ich auf der Terrasse stand, ein Glas Wein in der Hand und einen Schwarm Schmetterlinge im Bauch. Ja, ich fragte mich auf einmal, wie es wäre, von Vittorio geküsst zu werden. Wie sich seine eleganten Hände wohl auf meiner Haut anfühlen mochten. Wie es wäre, an seiner Seite aufzuwachen. Wenn möglich nicht nur einmal, sondern durchaus öfter. Sehr viel öfter ...

Hanni, reiß dich zusammen, warnte eine innere Stimme. *Er mag dich offensichtlich, ist gern mit dir zusammen. Doch noch hat er keinen Annäherungsversuch gemacht.*

Das Schlimmste für eine frisch Verliebte war ja, wenn das *love interest* sie als „nett" bezeichnete. Und danach nichts mehr kam. Würde mir das auch blühen? Nervös drehte ich das Weinglas in meinen Händen.

Das Objekt meiner sehnsüchtigen Betrachtungen bewegte sich währenddessen zielgerichtet auf mich zu. Gianni redete lächelnd mit seinem Vater, während er ihn bis zum Rand der Terrasse begleitete, um ihn dann meiner Obhut zu überlassen. Mit einem, wie ich fand, verschmitzten Lächeln. Er kannte mich ja schon von unserem ersten Zusammentreffen auf dem Partyschiff und schien sich daran zu erinnern. Auch ich erinnerte mich und glaubte, jetzt zum Tanz aufgefordert zu werden. Doch Vittorio hatte andere Pläne. Er hakte mich unter und bat mich, mit ihm ins Haus zu gehen. Dort wachte ein livrierter Diener an der Tür, die er für seinen Arbeitgeber weit öffnete.

„Nach rechts", bat Vittorio nach wenigen Schritten. „Durch den Türbogen." Er ging an meiner Seite so sicher, als könne er sehen.

„Das ist mein Haus, hier kenne ich mich aus", sagte er. Gerade so, als könne er meine Gedanken lesen.

„Seit wann bist du blind?", fragte ich, weil die Gelegenheit günstig schien. Er blieb abrupt stehen und drehte den Oberkörper leicht in meine Richtung.

„Ich hatte mit Anfang Vierzig einen Schlaganfall. Davon habe ich mich fast gänzlich erholt. Bis auf meine Augen. Die fürs Sehen zuständigen Nervenzellen wurden zerstört."

„O Gott", entfuhr es mir.

„Das dachte ich anfangs auch", entgegnete er trocken. „Inzwischen habe ich mich an die Dunkelheit gewöhnt. Obwohl es schwierig ist, wenn man früher gesehen hat." Er löste seinen Arm von meinem und nahm die Sonnenbrille ab. Grüngraue Augen mit goldenen Sprenkeln schauten haarscharf an mir vorbei.

„Du hast wunderschöne Augen", stammelte ich.

„Ich bin sicher, ich könnte das Kompliment zurückgeben. Doch leider ...", er hob in einer entschuldigenden Geste die Hand, lächelte und zog die Sonnenbrille wieder auf.

„Was möchtest du sonst noch wissen?" Wir gingen weiter, aber anscheinend hatte ich ihn mit meiner Frage etwas aus dem Takt gebracht, vielleicht zählte er sonst die Schritte, um zu wissen, wo genau er sich befand. Nun stolperte er leicht und bat mich, ihm Bescheid zu sagen, sobald wir unter dem Bogen standen.

„Jetzt geradeaus, bis zu einer dunkelgrün gestrichenen Tür. Siehst du sie?"

Ja, ich sah sie und wir durchquerten einen Zwischenraum, dessen schwarz-weiß gemusterter Steinfußboden dem Geklapper nach zu urteilen, das von rechts kam, in eine Küche führte.

„Giannis Mutter", setzte ich die Fragestunde fort. „Wo ist sie?"

„Weg. Sie hat mich verlassen. Übrigens schon vor meiner Erblindung. Eine Urlaubsaffäre, die für sie zur großen Liebe wurde. Na ja, zumindest ein gutes Jahr lang. Dann war Schluss. Sie dachte wohl, sie könne danach zurückkommen, aber ich wollte die Beziehung nicht wieder aufnehmen. Inzwischen lebt sie in Ancona und hat eine neue Familie gegründet. Gianni besucht sie gelegentlich, leben wollte er bei mir und ich bin sehr froh darüber. Ich liebe meinen Sohn über alles. Er ist ein so toller junger Mann."

„Das stimmt." Ich hatte Vittorios Sohn bisher nie anders als höflich, aufmerksam und freundlich erlebt.

„Wir sind an der Tür", machte ich ihn aufmerksam darauf, wo wir uns gerade befanden.

„Nimm meine Hand und lege sie auf das Display rechts", bat er. Die Verriegelung löste sich unter der Berührung seiner Finger und er zog die Tür auf. Dahinter kam eine breite, helle Steintreppe zum Vorschein. Sie führte nach unten.

„Gehen wir in den Keller?", fragte ich erstaunt.

„Lass dich überraschen", schmunzelte er.

Einen Moment lang wurde mir mulmig. Mit einem Mann, den ich kaum kannte, in seinen Keller zu gehen, das machte mich doch ein wenig nervös. Aber Sieglinde und Gila befanden sich ja auch hier, vermutlich war inzwischen auch Luca eingetroffen, sodass ein spurloses Verschwinden meiner Person höchst unwahrscheinlich war.

„Dort unten ist mein kleines persönliches Reich", fuhr Vittorio fort. Er hatte sich wieder von meinem Arm gelöst, die Linke auf einen Handlauf gelegt und tastete sich die Stufen hinab. Ich folgte ihm. Hinter mir schloss sich die Tür langsam.

Unten angelangt ging Vittorio zielstrebig ein paar Schritte nach rechts und öffnete eine hellgrau gestrichene Stahltür. Es war offensichtlich, dass er sich gut genug auskannte, um genau zu wissen, wie seine Umgebung hier aussah.

„Tritt ein", bat er mich und ich ging an ihm vorbei in den Raum und sah mich erstaunt um.

„Hier ist ja gar nichts", stellte ich fest. Nur kahle Wände und in der Mitte stand ein Stuhl. Die Luft war angenehm frisch, etwas kühler als im Garten, aber sehr angenehm.

„Hier ist sogar sehr viel", antwortete mein Begleiter. „Aber jetzt muss ich dir erst einmal die Augen verbinden."

20

Meiner Sehkraft beraubt saß ich auf dem Stuhl inmitten des kahlen Raumes und versuchte, die Geräusche zu deuten. Zuerst war ich erstaunt gewesen, wie leicht es Vittorio gelungen war, mir die Augen zu verbinden. Sehr zärtlich hatte er mir einem schwarzen Schal umgebunden, dabei meine Ohren und meine Haare auf sanfte Art gestreichelt. Sämtliche Nackenhärchen hatten sich unter seinen Berührungen aufgestellt.

Es war aufregend, hier unten zu sein. Alleine mit Vittorio! Voller Spannung darauf, was er mit mir vorhatte. Erst, als ich ihm hoch und heilig versichert hatte, ich würde nichts sehen, was der Wahrheit entsprach, war er zufrieden. Seither lauschte ich dem, was er tat. Zunächst wurde wohl eine Schiebetür geöffnet, seit ein paar Minuten klimperte Glas auf Glas.

„Meine liebe Hanni", durchbrach Vittorio unser Schweigen. „Ich möchte dir gerne mitteilen, wie ich dich sehe. Vielleicht sollte ich aber eher das Wort *wahrnehmen* oder *erspüren* benutzen. Wie du schon weißt, besaß ich ein kleines Kosmetikunternehmen. Es war mein Part, für die Düfte zu sorgen. Ich bin tatsächlich so etwas wie eine Nase. So werden Parfümeure genannt. Eine Eigenschaft, die ich bereits besaß, als ich noch sehen konnte. Seither hat sie sich verstärkt. Ich nehme Menschen natürlich zunächst einmal darüber wahr. Aber das hast du ja bereits bemerkt."

Ich nickte versonnen. Allzu gut konnte ich mich an unsere erste Begegnung auf dem Partyschiff erinnern. An seine Worte.

„*Sie duften gut*", hatte er gesagt.

„*Oh!*", hatte ich erwidert. "*Das ist ein ganz neues Parfüm, eine italienische Komposition.*"

„*Ihr Parfum kenne ich gut, es heißt Il Giardino di Flora, ist sehr elegant und ich bin sicher, Sie haben damit eine vorzügliche Wahl getroffen. Aber ich meinte Ihren persönlichen Duft.*"

Und wie er mich genau daran erkannt hatte, als ich vor dem Hotel in Ceriale fast direkt vor ihm gestanden hatte. Zunächst geglaubt hatte, er erkenne mich nicht wieder. Dabei hatte er einfach eine ganz andere Wahrnehmung.

Über den nahen Klang seiner Stimme wusste ich, dass er jetzt direkt vor mir stand. Nun strich er mit den Fingerspitzen ganz sanft über meinen Arm. Ein angenehmer Schauer kroch mir über die Stelle, die er berührt hatte und setzte sich als leichte Vibration unter meiner Haut fort.

„Es gibt aber noch weitere Merkmale, die ich anders wahrnehme als Sehende. Zunächst einmal ist da deine Stimme. Sie ist warm, weil alles, was du sagst, von Herzen zu kommen scheint."

Das hatte mir noch nie jemand gesagt. Überrascht und geschmeichelt einerseits und gespannt auf das, was noch kam, andererseits, schwieg ich.

„Dann ist da dein Lachen. Es ist heiter, als würde sich in deinem Inneren noch das kleine Mädchen verstecken, das du einmal warst. Neugierig auf die Welt und gleichzeitig ein bisschen vorsichtig."

Hallo! Das passte tatsächlich genau. Diese Vorsicht hatte mich oft genug am Zügel gehalten.

„Manchmal bist du ängstlich. So, wie vorhin. Du wusstest nicht genau, wohin ich dich führen würde. Einen Moment lang ging dir durch den Kopf, ich könnte ein Wüstling sein, der dich in ein Kellerverlies steckt. Stimmt's?"

„Aber ... aber nein", stammelte ich. Für einen Wüstling hatte ich ihn nicht gehalten.

Er lachte ganz leise. „Ich hab's gespürt, als ich die Tür öffnete und du die Treppe sahst. Einen Moment lang hat sich dein Körper versteift."

Herrjeh, was dieser Mann alles bemerkte.

„Dann kam deine rationale Seite durch. Du hast den Rücken durchgedrückt und dir vermutlich gedacht, dass das nicht so einfach wäre für mich, dich bei all den Gästen heute Abend einfach verschwinden zu lassen."

Ohne eine Antwort abzuwarten, sprach er weiter. „In meiner Vorstellung ist dein Haar eher hell, es fühlt sich jedenfalls so an. Und deine Augen ... ich weiß es nicht. Sagst du es mir?"

„Blau." Meine Stimme klang belegt.

„Jetzt bist du ein bisschen verlegen, weil ich dir Komplimente mache. So, wie bei unserem ersten Treffen, auf dem Schiff. Als wir getanzt haben."

„Ich bin es nicht gewohnt", entgegnete ich leise. Auch jetzt machte es mich verlegen und ich spürte, wie sich eine leichte Röte auf meinen Wangen ausbreitete.

„Du tanzt ganz wunderbar, mit kleinen, schwingenden Schritten. Das mag ich sehr."

Er bewegte sich ein Stück weg von mir, seine Stimme kam nun von einer Stelle zu meiner Linken.

„Deine Haut duftet exquisit. Das kann ich sehr gut beurteilen. Wie frisch gepflückte Baumwolle mit einem Hauch Apfelblüte."

Ich atmete tief ein. War das nicht etwas kitschig?

„Wenn du das zu kitschig findest, sei versichert, es ist das, was Parfümeure in der Nase haben. Das hört sich für Außenstehende womöglich merkwürdig an, ähnlich wie die Beschreibung eines Weines." Er lachte wieder leise.

„Was mir aber besonders gut an dir gefällt, das ist die Zartheit deiner Seele. Ich glaube, du bist ein guter, ein anständiger Mensch."

Wow. Jetzt wurde ich doch glatt endgültig rot, jedenfalls brannte mein Gesicht auf einmal heiß. Gleichzeitig hoffte ich, dass all diese Umschreibungen sich nicht womöglich doch noch zu der Beschreibung „nett" verdichten würden. Denn genau das wünschte ich mir definitiv nicht. Viel zu stark klopfte nämlich mein Herz gerade dem entgegen, was hoffentlich noch kommen würde.

„Ich fragte mich die ganze Zeit, welcher Stein zu dir passen würde. Vielleicht ein sanft schimmernder Opal? Oder doch eher ein zartrosafarbener Diamant? Ehrlich gesagt, kann ich mich noch nicht entscheiden."

An Schmuck besaß ich nicht viel, doch alles entsprach farblich genau dem, an das er dachte.

Wahnsinn, schoss es mir durch den Kopf. *Dieser Mann hat ein viel genaueres Bild von dir im Kopf als jeder andere, den du jemals kanntest.*

„Der Duft, der all das einfängt, was ich von dir spüre, ähnelt einer wunderbaren, seltenen Pflanze. Ich habe versucht, das in einem Parfüm einzufangen und bitte dich, dich jetzt einmal ganz darauf zu konzentrieren."

Jetzt wurde ein Stöpsel aus einer Glasflasche gezogen und er kam auf mich zu. Die Luft bewegte sich vor meinem Gesicht und gleich darauf erschnupperte ich etwas.

„Was riechst du?", fragte er mit sanfter Stimme, in der aber auch etwas anderes mitschwang. Die Hoffnung, es möge mir gefallen?

Meine Nase zuckte leicht. Was ich erschnupperte war warm und süß, wurde aber durch etwas Holziges abgerundet. Ein Duft, der meine Seele streichelte und mich sofort süchtig nach mehr machte.

„Rose?", riet ich.

„Fast", antwortete er. „Ich habe Rosenholz genommen. Was riechst du noch?"

Ich wusste, dass ich einen der warmen Töne kannte, kam aber nicht darauf, was es sein könnte.

„Ginster", verriet er mir. „Etwas Bodenständiges und gleichzeitig Betörendes, dessen Blüten mit ihrem freundlichen Gelb auch optisch gut zu dir passen."

„Dann auch noch Jasmin!" Da war ich mir sicher.

Dazu hatte Vittorio noch kleine Mengen anderer Blütenöle zum Abrunden hinzugefügt. Herausgekommen war ein Duft, der so exquisit wie originell war.

„Noch bin ich nicht ganz fertig damit. Aber wenn dir dieser erste Entwurf gefällt, weiß ich genau, wie ich ihn fertigstellen werde. Ein Duft, der genauso betörend sein soll wie die Frau, die ihn trägt."

Und dann nahm er mir die Augenbinde ab und küsste mich. Seine Lippen lagen warm und fest auf meinen, seine Fingerspitzen streichelten meinen Hals. Sämtliche Moleküle in meinen Körper begannen zu tanzen und verursachten ein heftiges Kribbeln unter meiner Haut. Als wir uns voneinander lösten, fühlte ich mich wie die glücklichste Frau auf der Welt.

21

Ich konnte es kaum erwarten, Gila und Sieglinde von dem zu erzählen, was in Vittorios Parfümeurkeller geschehen war. Ein Mann, der ein eigenes Parfüm für mich kreierte! Der mich betörend fand. Nicht im Traum hätte ich jemals gedacht, dass mir so etwas passieren könnte. Irgendwie entwickelte sich diese Reise immer mehr in eine unvermutete Richtung.

Ein Mann, der nicht einfach sagte: *Du gefällst mir* und damit mein Äußeres meinte. Einer, der mir tief unter die Haut ging und statt einer Liebeserklärung einen ganz persönlichen Duft mixte! Denn dass das die drei Worte ausdrücken sollte, die er mir noch nicht gesagt hatte, schien mir höchst wahrscheinlich. Noch während ich überlegte, was eine adäquate Antwort sein konnte – konnte ich ihm einfach sagen, dass ich mich in ihn verliebt hatte? Oder sollte ich abwarten, bis er sich mir auch in Worten offenbarte? – und glühend vor Glück neben ihm stand, nahm ich aus den Augenwinkeln heraus eine Bewegung wahr. Ein Paar kam um die Hausecke und lief auf die Terrasse zu.

„Hanni!", rief Jonas aus und grinste wie ein Honigkuchenpferd. „Du hier?"

Vor Schreck fiel mir buchstäblich die Kinnlade herunter. Aber nicht nur sein Anblick war eine Überraschung. Neben ihm ging die bildhübsche junge Frau, die ich bereits im Restaurant mit ihm gesehen hatte. Die wandte sich nun an ihn und sagte etwas auf Italienisch. Er antwortete ebenfalls auf Italienisch und mit einem strahlenden Lächeln. Vittorio, so viel bekam ich gerade noch mit, unterbrach abrupt sein Gespräch. Er wandte sich von dem älteren Paar, mit dem er sich gerade unterhalten hatte, ab und kam näher zu mir. Im selben Moment tauchte Gianni hinter der jungen Frau auf, die er Loredana nannte. Er schien sie ebenfalls gut zu kennen. Sein Gesicht zeigte Verwirrung, wie mir schien. Er fragte sie etwas. Sie nickte, deutete auf mich und Jonas. Vittorios Miene verfinsterte sich im selben Moment. Er stand ganz nah bei mir, doch die Atmosphäre zwischen uns hatte sich völlig verändert. Eiseskälte schien mir entgegenzuschlagen. Mühsam beherrscht wandte er sich an mich.

„Ich wusste nicht, dass du einen Freund hast. Selbstverständlich hätte ich ihn auch eingeladen, wenn ich das geahnt hätte."

„Aber ...", stammelte ich. Ungewöhnlich harsch schnitt er mir das Wort ab. „Herr Karlsson ist ein Musikerkollege von Loredana, der Verlobten meines Sohnes. Er und sie werden gleich auf der Bühne erwartet. Danach wird er sich sicherlich gerne um dich kümmern."

Ohne ein weiteres Wort oder eine versöhnliche Geste drehte er sich abrupt um und ging mit dem älteren Ehepaar davon.

Es war, als habe er mir einen Kübel voller Eis über den Kopf gekippt. „Aber ...", stammelte ich erneut, völlig hilflos. Gianni sah mich mit einer Mischung aus Ungläubigkeit und Bedauern an, Loredana zog einen Schmollmund. Sie quengelte etwas auf Italienisch und zog ihren Verlobten mit sich, von uns weg. Jonas sah betreten zu Boden.

„Es tut mir leid", sagte er leise. „Loredana ist Sängerin. Sie und ich arbeiten gelegentlich zusammen. Heute Abend hat Vittorio uns gebeten, ein paar Stücke zu performen. Sie hat dich wohl sofort erkannt."

„Ich kann gar kein Italienisch. Was genau hat sie denn gesagt?", fragte ich tonlos. „Eben, als ... als Vittorio neben mir stand."

Er runzelte die Stirn. „Sie hat ihrem Verlobten von uns erzählt. Abgesehen davon, dass ich so etwas indiskret und völlig daneben finde, ist das ein Problem für dich?"

„Hast du ihr denn von uns erzählt?" Meine Beine trugen mich kaum noch.

„Als wir dich und deine Freundinnen im Lokal getroffen haben, fragte sie mich, woher ich dich kenne. Ich habe nichts Indiskretes gesagt, aber dieser Deutsche, der ein paar Häuser weiter wohnt, hat sie nach einem Besuch bei mir angequatscht und ihr von dir erzählt."

Dieser Schönhuber! Nie hatte ich mehr Lust dazu verspürt, jemanden zu ohrfeigen! Nein, zu verprügeln!

Zerknirscht blickte Jonas den beiden jungen Italienern hinterher.

Was sollte ich jetzt tun? In meinem Kopf herrschte ein großes Durcheinander.

„Schlimm?" Jonas wirkte völlig niedergeschlagen.

Ich hob die Schultern. „Er und ich, wir sind uns gerade etwas nähergekommen."

„Aha." Sein Blick war unergründlich. Dann seufzte er. „Hanni, unsere Nacht, also, wenn du mich fragst, du hast nichts Falsches getan. Falsch war nur die Art und

Weise, wie Vittorio es erfahren hat. Soll ich mit ihm reden?"

„Nein!" Das würde mir gerade noch fehlen. Es gab Dinge, die musste man selbst klären. Dies hier gehörte definitiv dazu. Jonas streichelte ganz kurz meinen Arm.

„Ich muss auf die Bühne. Sehen wir uns nachher noch?"

Ratlos zuckte ich die Schultern. „Vielleicht." Er lächelte und stupste mir aufmunternd auf die Nase. „Bis nachher, Honey." Schon war er weg, Loredana griff auf der Bühne nach dem Mikro und säuselte etwas hinein.

Mein Blick suchte Vittorio und fand ihn nicht. Er war und blieb für den Rest des Abends wie vom Erdboden verschluckt.

22

Am nächsten Morgen erwachte ich mit dem heftigsten Kater seit Geralds Beerdigung. Nur schemenhaft konnte ich mich noch an die Dinge erinnern, die am Vorabend geschehen waren. An Jonas, Loredana und das schlimmste Timing aller Zeiten beim Herausposaunen meines One-Night-Stands mit dem Schweden.

Damit nicht genug, hatte Vittorio sich den ganzen restlichen Abend über von mir ferngehalten. Wie eingefroren waren mir seine Gesichtszüge erschienen, nachdem er von Jonas und mir erfahren hatte. Jeder Versuch von mir, unter vier Augen mit ihm zu sprechen, war von ihm vereitelt worden. Nicht eine Sekunde lang war er alleine geblieben. Stets waren Freunde oder Bekannte an seiner Seite gewesen. Bis er völlig verschwunden war, seine Gäste sich selbst überlassen hatte. Was für ein Schock für mich! Jonas war nach seinem Auftritt zu dem Tisch gekommen, an dem ich mit meinen Freundinnen gesessen hatte. Weil ich nicht vor Sieglinde und Gila mit ihm sprechen wollte, war ich seiner Aufforderung zum Tanz gefolgt. So hatten wir wenigstens miteinander reden können. Es hatte ihm leidgetan, dass sein Auftauchen die Stimmung zwischen mir und Vittorio zerstört hatte. Dennoch – auch er hätte an der Situation nichts mehr ändern können, ohne alles womöglich noch schlimmer zu machen.

Als der Wagen gekommen war, der Gila, Sieglinde und mich zurück ins Hotel bringen sollte, war vom

Gastgeber immer noch weit und breit nichts zu sehen gewesen.

„Bitte grüßen Sie Ihren Vater von mir", hatte ich Gianni gebeten, bevor wir gegangen waren. Der hatte verlegen gewirkt und ich musste an das denken, was mir Vittorio über die Mutter seines Sohnes und ihren Seitensprung erzählt hatte. Es schien, als ob er diese Kränkung nie überwunden hatte. Und jetzt dieses Desaster mit mir! Obwohl ich nachvollziehen konnte, wie enttäuscht er von mir sein musste, konnte ich seine harte Reaktion nicht wirklich verstehen. Warum hatte er mir nicht die Möglichkeit gegeben, ihm das Ganze zu erklären?

„Vermutlich ist seine Frau ebenfalls mit einem Jüngeren fremdgegangen", lautete Gilas Vermutung, die sie noch am Vorabend bei der Nachhausefahrt geäußert hatte. Dabei hatten mich meine beiden Freundinnen richtiggehend ausgequetscht. Denn auch ihnen war nicht entgangen, wie frostig die Atmosphäre zwischen Vittorio und mir am Ende gewesen war. Es war einer der Gründe gewesen, warum ich bei der Party vermutlich ein Glas Wein zu viel getrunken hatte. Aber so richtig umgehauen hatte mich der Grappa, den ich, zurück im Hotel, in meiner Minibar gefunden hatte. Heulend und völlig fertig mit der Welt war ich gewesen. Da war er mir als vermeintlicher Trost erschienen. Dass das ein Fehler gewesen war, wurde mir spätestens jetzt klar. Mein Kopf schmerzte heftig und mir war übel.

Wie sollte ich mich Vittorio gegenüber verhalten? Selbst wenn er nichts mehr mit mir zu tun haben wollte, war mir doch daran gelegen, dass er keinen falschen Eindruck von mir hatte. Immerhin hatte ich die Nacht mit Jonas verbracht, bevor Vittorio und ich uns nähergekommen waren. Und selbst wenn nicht, solche Dinge geschahen. Wichtig war doch nur, dass ich mich letztendlich entschieden hatte. Für Vittorio. Das ohne Bedauern. Denn trotz der wundervollen Nacht mit Jonas war mir klar, dass ich mich in Vittorio wirklich verliebt hatte.

Jonas hatte mich am Vorabend bei der Verabschiedung noch einmal an sich gezogen und mir einen Kuss auf die Wange gegeben.

„Es gilt", sagte er dabei dicht an meinem Ohr. „Falls du nach Stockholm kommst, melde dich. Ich zeige dir die Stadt und führe dich ein bisschen aus. Als guter Freund, wenn du willst."

Ich hatte schwer geschluckt und genickt. Ich mochte ihn. Ich mochte ihn sehr. Aber noch mehr mochte ich Vittorio und die Vorstellung, was sich zwischen ihm und mir alles noch hätte entwickeln können. Er war für mich keine Eintagsfliege, er war viel mehr. Aber ich für ihn nicht mehr, und genau das wollte ich ändern. So trat ich auf den Gang hinaus, fest entschlossen, dem Italiener wenigstens das noch zu sagen, was mir auf der Seele brannte.

23

Das Taxi kroch voran wie eine Schnecke. Jedenfalls kam es mir so vor. Jetzt, geduscht und mit einem reichhaltigen Frühstück im Bauch, konnte es mir nicht schnell genug gehen, wieder zu Vittorios Anwesen zu kommen. Ganz kurz hatte ich mit mir gekämpft. Stolz gegen Gefühl. Letzteres hatte gesiegt. Ich musste ihn einfach unter vier Augen sprechen, ihm die ganze verworrene Geschichte erklären. Nun, wo wir dem Ziel meiner Fahrt näherkamen, verknotete sich mein Magen. Mir wurde leicht übel vor Nervosität. Womöglich waren es auch die Nachwehen des Katers. Die Erinnerung daran vertrieb den dringenden Wunsch, mir Mut anzutrinken. Der flammte just in dem Moment auf, als der Taxifahrer den Wagen abbremste. Ich blickte auf das Tor. Es war geschlossen.

„Un momento", bat ich den Fahrer. Ich stieg aus. Das Haus wirkte verlassen. Sämtliche Nerven fingen an, in meinem Inneren zu flattern. Es fühlte sich sogar an, als stünden meine Haarwurzeln unter Strom. Ich drückte den Klingelknopf und wartete. Nichts geschah. Ich versuchte es noch einmal. Niemand öffnete. Nichts rührte sich in der Villa. Vittoria war ganz offensichtlich nicht zu Hause. Oder war er abgereist? Ich wusste, dass die Familie auf Capri noch ein Haus besaß. Dort, wo auch die Kosmetikfabrik stand. Die Enttäuschung warf mich schier um. Ich lehnte den Kopf gegen das kühle Metall des Tores und begriff, dass meine Fahrt hierher umsonst gewesen war. Nun musste ich mit hängenden Schultern und schwerem Herzen zurück nach Ceriale fahren. Denn Vittorio war fort. Ich würde ihn nie mehr wiedersehen.

Bei meiner Rückkehr nach Ceriale ereilte mich die nächste unangenehme Nachricht. Sophia erwartete mich dort bereits im Hotel. Giulietta hatte sich bei ihr gemeldet. Mit einer kurzen Textnachricht. Sie habe etwas Wichtiges zu erledigen und wisse nicht, wann genau sie wieder in Ceriale sein könne. Auf Sophias Bitte, sich doch telefonisch zu melden, es sei ebenfalls sehr, sehr wichtig, war keine Antwort mehr gekommen. Schlimmer noch, es schien, als sei das Mobiltelefon erneut ausgeschaltet worden.

Was machte es für einen Sinn, da noch zu bleiben? Mir war zum zweiten Mal innerhalb kurzer Zeit der Boden unter den Füßen weggezogen worden. Dazu war alles, was sich in meinem Leben scheinbar zum Guten gewendet hatte, zusammengebrochen wie ein Kartenhaus. Nichts konnte mich in diesem Moment trösten. Nicht Gila. Nicht Sieglinde. Nicht der sonnige Tag, der mich zu verhöhnen schien. Nein. Es war genug. Geralds Bitte war ich nachgekommen. Anfangs aus purem Pflichtgefühl. Danach, weil ich selbst es für richtig hielt, Giulietta den ihr zugedachten Teil des Geldes zukommen zu lassen. Doch wer wusste schon, wann die junge Frau gedachte, endlich nach Hause zu kommen oder mit ihrer Mutter zu sprechen? Das viele Hin und Her der beiden hatte auch mich mürbe gemacht. Jetzt fühlte ich mehr mit Sophia, der die Situation sichtlich auch an die Nieren ging. Wenigstens betrachteten wir uns inzwischen nicht mehr mit

Misstrauen, sondern mit einer Art Verbundenheit, wie sie wohl nur Mütter aufbrachten.

Nun verabschiedete ich mich von der Frau, mit der mein Mann mich betrogen hatte. Dies trotz des immer wieder aufflackernden Schmerzes und der Sprachschwierigkeiten. Sie war augenscheinlich tief zerknirscht darüber, dass ihre Tochter nach dem Streit immer noch auf stur geschaltet hatte.

„Sobald Giulietta wieder auftaucht, erzähle ich ihr alles", versprach sie mir. „Sie wird sich bestimmt gleich bei dir melden." Es war ihr anzusehen, dass sie sich vor dem Gespräch mit ihrer Tochter fürchtete. Was auch immer sie ihr von ihrem Vater erzählt hatte, sie würde sicherlich einen Teil revidieren müssen. Ob Carlo inzwischen ahnte, was es mit meinem Besuch auf sich hatte? Sophia hatte sich nicht dazu geäußert und letztendlich ging es mich ja auch nichts an. Am Ende standen wir beiden Frauen ein bisschen verlegen voreinander. Dann gaben wir uns gleichzeitig einen Ruck und umarmten uns wie alte Freundinnen. Mir kamen die Tränen, aber ich hätte nicht sagen können, warum.

Die ganze Rückfahrt über starrte ich mit blinden Augen aus dem Fenster und war heilfroh, dass sowohl Gila als auch Sieglinde spürten, wie es um mich bestellt war. Auch Gila war anfangs still, bis Sieglinde es nicht lassen konnte und spitz nach Luca fragte.

„Er ist ebenfalls nach Hause gefahren."

„Werdet ihr euch wiedersehen?", fragte ich matt.

„Nein, das glaube ich nicht. Nicht nur, weil er verlobt ist und nächstes Jahr heiraten wird", setzte mich Gila in Kenntnis der Situation.

„Waaas? Du hast mit einem verlobten jungen Mann ... also, das ist ja ..." Sieglindes Empörung verschlug ihr die Sprache.

„Mit einem verlobten jungen Mann, was?", erwiderte Gila scharf. „Kaffee getrunken, auf dem Meer herumgeschippert, gelacht, ein schönes Gemälde gekauft. Das findest du skandalös?"

„Ihr werdet schon auch noch etwas anderes getan haben", giftete Sieglinde.

„O ja. Wir haben es beide genossen, all diese Dinge zusammen zu unternehmen. Und ja, wir haben geflirtet, was das Zeug hielt. Das schon. Und er hat mich zum Abschied geküsst. Hier und hier!" Gila tippte erst auf die linke, dann auf die rechte Wange. „Wenn du es genau wissen willst – es war ein ziemlich unschuldiger Flirt, der uns beiden viel Spaß gemacht hat. Aber willst du noch etwas wissen? Ja?" Sie wartete gar nicht ab und fuhr fort. „Der größte Luxus im Leben besteht darin, nicht alles machen zu müssen, was man machen könnte. Darin nämlich sind Luca und ich uns immer einig gewesen, auch ohne es auszusprechen."

Mir war so elend, dass ich innerlich laut aufschrie. Und meinen beiden Freundinnen dankbar war, dass sie den Rest der Fahrt über ausnahmsweise nicht mehr stritten. Gila fuhr konzentriert die ganze Strecke durch, abgesehen von einigen kürzeren Pausen.

Es war später Abend, als wir endlich zu Hause ankamen. Gila ließ Sieglinde zuerst aussteigen. Vor meinem Haus nahm sie mich fest in den Arm.

„Hanni. Du weißt, ich mische mich normalerweise nie in die Liebesangelegenheiten anderer Menschen ein, egal, wie nah sie mir stehen. Aber dir muss ich heute sagen: Gib nicht einfach kampflos auf. Was zwischen Vittorio und dir war, hat dich glücklich gemacht. Und nun macht es dich traurig, dass etwas euch auseinandergebracht hat. Und traurig möchte ich dich nicht sehen. Denk in Ruhe über alles nach. Und wenn du spürst, dass du jetzt noch keinen Schlusspunkt setzen möchtest, gib dir einen Ruck."

Mir stieg schon wieder das Wasser in die Augen und ich zog es vor, gar nichts zu sagen. Außer sie zu fragen, ob sie noch auf einen Kaffee mit reinkomme.

„Nein", meinte sie. „Ich will jetzt nur noch heim, unter die Dusche, eine Pizza beim Lieferservice bestellen, eine Flasche Wein öffnen und die Beine hochlegen."

Ich stand noch auf der Straße, da war von ihr und ihrem Wagen schon längst nichts mehr zu sehen. Mein Blick wanderte an der dunklen Fassade des Hauses hoch und runter. Dann durchzuckte mich ein heftiger Schreck. Miriam! Ich hatte völlig vergessen, ihr Bescheid zu sagen. Wie lange war es her, dass wir telefoniert hatten? Eine Ewigkeit, schien mir. Mein Handy lag ausgeschaltet in meiner Handtasche.

Na ja, sie würde ja gleich sehen, dass ich zurück war.

Vorausgesetzt, sie war da. Unbehaglich schaute ich auf die unbeleuchteten Fenster. Inzwischen war es fast ganz dunkel. Müsste nicht irgendwo Licht brennen, wenn sie zu Hause wäre? Seufzend nahm ich meinen Koffer und ging zur Haustür.

24

„Hallo!", rief ich ins Haus hinein, während ich mich im Flur aus meiner Jacke schälte. Mir antwortete lediglich ein Maunzen. Mikesch kam angeschlichen und strich schnurrend um meine Beine. Sonst blieb es still. Miriam war wohl ausgegangen, trotz ihres Gipsbeins, was mich ein bisschen wunderte.

Ich ging zunächst in die Küche, um dem Kater etwas Milch in sein Schälchen zu füllen. Danach trug ich mein Gepäck nach oben. Schon während ich die Treppen ins obere Geschoß hochstieg, streifte ein fremder Duft ganz leicht meine Nase. Holzig, nicht blumig. Mit Wucht schlug die Erinnerung an Vittorios Keller und das Parfüm, das er für mich kreieren wollte, zu. Schon wieder liefen die Tränen und ich schob den Rollkoffer viel zu energisch in mein Schlafzimmer. Nein, ich wollte nicht an Vittorio denken. Nicht daran, wie blöd alles gelaufen war. Er und ich, das wusste ich in diesem Moment sicher, würden uns nie wiedersehen. Aber zu wem gehörte dieser Duft? Miriam liebte frische, zitronige Parfüms. Das hier gehörte eher zu einem Mann. Der Gedanke stoppte mich mitten in der Bewegung. Miriam hatte jemanden kennengelernt. Oder war es Besuch aus Neuseeland? Gab es da überhaupt noch jemanden? Müde forschte ich in meiner Erinnerung. Es hatte da mal eine Beziehung gegeben, aber ich hatte keine Ahnung, ob es etwas Ernstes gewesen war, erinnerte mich noch nicht einmal mehr an den Namen des Mannes. War er Miriam hinterhergereist?

Wenigstens hat eine von uns Glück in der Liebe!

Vorsichtshalber rief ich noch einmal und klopfte an Miriams Zimmertür. Niemand antwortete. Auch, als ich später aus der Dusche kam, waren die beiden noch nicht zurück.

Mich übermannte in diesem Moment erneut das heulende Elend. Beim Auspacken hatte ich nämlich mein neues Parfüm im Badezimmer verstaut. Dabei fiel mir etwas auf, das ich bisher übersehen hatte. *Il Giardino di Flora* stammte nämlich aus der kleinen italienischen Manufaktur Benassi. Vittorio hatte es bereits bei unserer ersten Begegnung erkannt. Er hatte mir Komplimente gemacht, aber nicht erzählt, dass er selbst diesen Duft kreiert hatte. Vielmehr hatte er mir einen eigenen, ganz persönlich auf mich zugeschnittenen Duft mischen wollen. Beim Gedanken daran, dass wir kurz davor gewesen waren, uns so nahe zu kommen, wie ich es mir gewünscht hätte, brach ich in Tränen aus. Ich vermisste ihn. Noch meinte ich, seine Lippen auf meinen zu spüren. Noch immer klang seine Stimme in meinem Ohr und die Erinnerung an seine Hand, die beim Tanzen behutsam und fest zugleich auf meinem Rücken geruht hatte, jagte mir warme Schauer übers Herz.

Vorbei, vorbei. Wie gewonnen, so zerronnen.

Traurig ließ ich mich aufs Bett fallen. Irgendwann stoben die Gedanken auseinander und machten einer tiefen Müdigkeit Platz.

Flüsternde Stimmen drangen von weit her an mein Ohr. Ich kämpfte mich durch einen Nebel, hinter dem sich Sophia und Vittorio versteckten. Etwas störte mich, aber ich konnte nicht erkennen, was es war.

Bis ich Miriam sagen hörte „I didn't know, she's back."

Der Schleier zerriss, ich schlug die Augen auf und stellte fest, dass ich zuhause in meinem Schlafzimmer war.

„Miriam", flüsterte ich in Richtung des erhellten Rechtecks der Tür, in dem ich schemenhaft zwei Gestalten erkennen konnte.

„Mama." Sie sprach immer noch leise, die zweite Gestalt verschwand, während meine Tochter näherkam. „Du hast gar nicht Bescheid gesagt, dass du zurückkommst." Ich murmelte etwas von Handyakku und überraschende Wendungen.

„Ich habe auch eine Überraschung für dich", verkündete sie mit einem Lächeln in der Stimme.

„Habe ich schon mitgekriegt." Ich freue mich sehr für Miriam und Wen-auch-immer. Dass sie anscheinend jemanden gefunden hatte, war eine Wohltat für mein harmoniesüchtiges Herz. Dennoch - irgendwie war mir jetzt gerade nicht danach, mit meiner Tochter über Liebesdinge zu reden. Mir steckte die weitgehend schlaflos zergrübelte Nacht nach Vittorios Fest noch in den Knochen, dazu die lange Fahrt und das Elend, in dem ich mich befand.

„Schlaf dich aus", meinte meine Tochter verständnisvoll, bevor sie davonhumpelte. Ich nickte in mein Kissen und schloss die Augen. Sekunden später träumte ich weiter, als sei nichts geschehen und versuchte erneut, mir einen Weg durch den Nebel zu bahnen, der mich und alle anderen umgab.

25

Der Duft von frisch gebrühtem Kaffee zog durchs Haus und weckte mich am nächsten Morgen. Irgendwo lief Wasser, untermalt von Fetzen leiser Radiomusik. Miriams Freund musste im Badezimmer sein, während sie in der Küche das Frühstück vorbereitete. Unwillkürlich musste ich grinsen. Jetzt lernte ich den jungen Mann doch noch kennen. Eine Tür klappte und jemand stieg mit leichtem Schritt die Treppe ins Erdgeschoss hinunter. Gähnend setzte ich mich auf, rekelte mich und streckte mich, dass alle Gelenke knackten. Dann huschte ich selbst ins Badezimmer, wo mich eine sandelholzduftende Dampfwolke empfing. Von unten drang Miriams Lachen zu mir herauf. Seit Geralds Tod hatte ich sie nicht mehr lachen hören. Endlich war meine Tochter wieder richtig glücklich! Ein zweites Lachen folgte. Ich stand noch ein paar Sekunden schlaftrunken in der fast schon ganz geschlossenen Badezimmertür, als ich merkte, dass etwas nicht stimmte. Stirnrunzelnd trat ich in den Flur hinaus. Miriam erzählte etwas, von dem ich nur *holiday* und *so much fun* verstand. Dann kicherte sie. Nein, sie kicherten beide. Nur, dass die zweite Stimme keinem Mann gehören konnte. Jedenfalls keinem, der bereits den Stimmbruch hinter sich hatte. Vorsichtig schlich ich die obersten Stufen hinunter. Die Küchentür stand offen, drinnen wurde nun mit Besteck und Geschirr geklappert. Jemand murmelte etwas. Eine weibliche Stimme. Eindeutig nicht Miriam. Mir war, als habe mich jemand mit kaltem Wasser übergossen. Unwillkürlich richtete ich mich schnurgerade auf. Mir fiel die Situation in Ceriale wieder ein. Sophia hatte nicht nur mich und Gila, sondern auch meine Tochter für lesbisch gehalten. Hatte sie recht, obwohl sie Miriam ja gar nicht kannte? Hatte Miriam deshalb so wenig über ihre letzte Liebschaft in Neuseeland erzählt?

Na und, dachte ich mir. *Hauptsache, sie ist glücklich.*

Das wollte ich ihr gleich sagen. Als ich im Türrahmen auftauchte, fuhren die beiden erschrocken zu mir herum.

„Mama!", rief Miriam strahlend aus. „Darf ich vorstellen …" Ich unterbrach sie mit einer Geste und starrte die junge Frau neben ihr an.

„Giulietta", murmelte ich. Die Italienerin schaute unsicher von mir zu Miriam. Vielleicht, weil ich völlig zerstrubbelt und im Pyjama vor ihr stand. Vielleicht aber auch, weil sie verlegen war, wie ich reagieren würde. Oder hatte sie keine Ahnung gehabt, dass ich wusste, wer sie war? Ich jedenfalls hatte sie sofort erkannt. Es war eindeutig, dass sie Miriams Halbschwester war.

„Wie kommst du denn hierher?" Ich war so was von platt, sie in meinem Haus zu sehen. Immerhin war ich gerade tausende von Kilometern gefahren, um ihr die Nachricht von ihrer Erbschaft zu überbringen. „Deine Mutter macht sich Sorgen", schob ich noch nach. Die beiden jungen Frauen blickten sich vielsagend an, dann redeten wir auf einmal alle durcheinander. Jetzt erfuhr ich, dass Giulietta, die ja schon länger wusste, dass Carlo nicht ihr Erzeuger war, sich nach dem Streit mit Sophia auf den Weg zu ihrem leiblichen Vater gemacht hatte. Seine Adresse hatte sie in älteren Unterlagen entdeckt.

„Sie stand einfach vor der Tür. Starrte auf das Haus. Es war ein Glück, dass ich sie gesehen habe. Ich bin rausgegangen und dann ist etwas passiert, was ich nie für möglich gehalten hätte – wir haben uns erkannt. Fielen uns einfach in die Arme. Haben erst einmal gelacht und geweint in einem. Ist das nicht der Wahnsinn!"

Das war es, in der Tat. Dass sie und Miriam sich auf Anhieb verstanden, war natürlich ein großer Glücksfall.

„Sie kam vorgestern und ich wollte es dir eigentlich gleich sagen", meinte Miriam entschuldigend. „Aber dein Handy war die ganze Zeit ausgeschaltet."

So hatten die beiden ein bisschen Zeit gehabt, sich kennenzulernen.

„Ich mag sie", vertraute meine Tochter mir später unter vier Augen an. „Es ist, als ob ich eine jüngere Schwester hätte." Wobei Giulietta für ihr Alter sehr reif schien.

Aber das war noch nicht alles. Nachdem die Italienerin endlich ihre Mutter darüber informiert hatte, wo sie war, anschließend ich und danach auch noch Miriam mit der aufgeregten Sophia am Telefon sprechen mussten, eröffneten mir die beiden jungen Frauen, dass sie in Kürze gemeinsam nach Neuseeland fliegen würden.

„Giulietta studiert Sprachen, so wie ich. Und ich muss mir überlegen, ob ich dortbleiben oder meine Zelte abbrechen will. Immerhin habe ich noch ein Zimmer dort. So eine Reise ist ja ideal, um sich näher kennenzulernen."

Ich sah die beiden an und mir wurde das Herz schwer. Miriam würde mich wieder verlassen. Sie hatte sich schnell auf die neue Familienkonstellation eingestellt. Mir fiel das nicht so leicht. Aber ich konnte die beiden jungen Frauen verstehen.

Einige Wochen später

Es war inzwischen Mitte Oktober geworden. Ich saß nachmittags im Wohnzimmer, trank Tee und sah durchs Fenster den bunten Blättern im Garten beim Fallen zu. Ein tiefer Schmerz hatte sich in mein Herz gegraben. Seit Miriam und Giulietta fort waren, war mir von Tag zu Tag mehr klargeworden, wie allein ich mich fühlte. Die Arbeit lenkte mich etwas ab, aber nach wie vor war es nur ein Halbtagsjob und sobald ich nach Hause kam, fiel mir die Decke auf den Kopf.

„Hanni, du musst dich beschäftigen", lautete Gilas Rat. „Komm aus deinem Schneckenhaus, geh unter Leute, amüsiere dich."

„Hanni, du musst dich beschäftigen", lautete Sieglindes Rat. „Komm mit mir zum Seniorenabend der Caritas, arbeite ehrenamtlich in einem der Projekte mit."

Doch keiner dieser Vorschläge schaffte es, mir ein Lächeln ins Gesicht zu zaubern. Im Gegenteil, ich fühlte mich schwer und erschöpft beim bloßen Gedanken, mein Privatleben wieder zu aktivieren. Meine beiden Freundinnen wollten das nicht zulassen. Gila schleppte mich immer mal wieder auf Vernissagen und in neue

Restaurants. Sieglinde kam mit Kochrezepten und Strickanleitungen. Nichts half, und ich wusste auch genau, warum.

Die Umstände von Geralds Tod hatten mich tief getroffen, sodass ich nicht geglaubt hatte, jemals wieder Vertrauen zu jemandem fassen zu können. Dann war Jonas mit seiner unkomplizierten Art gekommen und kurz darauf hatte ich mich in Vittorio verliebt. Ein Gefühl, das ich nicht mehr erwartet hatte. So etwas, das war mir inzwischen klar, würde nicht noch einmal passieren.

Vor meinem Fenster hatte sich ein Drosselfinkpärchen auf einer Sonnenblume niedergelassen. Die beiden pickten die letzten Kerne aus der hohen Pflanze. Eine Zeit lang sah ich ihnen zu, dann holten mich meine trüben Gedanken wieder ein. Warum, so fragte ich mich immer noch, musste Vittorios Schwiegertochter in spe etwas herausposaunen, das sie nichts anging? Das leise Ding-Dong der Hausklingel riss mich aus meinen Betrachtungen. Ich stellte die Teetasse ab und ging zur Tür. Draußen stand der DHL-Mann und drückte mir wortlos zuerst ein Päckchen und anschließend das digitale Gerät zum Unterschreiben in die Hand.

Ratlos betrachtete ich anschließend das Päckchen in meiner Hand. Hatte ich etwas bestellt? Nein, nicht dass ich mich erinnern konnte. In der Küche suchte ich nach der Schere, durchtrennte das Paketband und hob den sandfarbenen Deckel an. Innen lag, durch Luftpolsterfolie geschützt, ein zweiter, kleinerer Karton. Goldene Ranken wanden sich auf schwarzem Grund und liefen tropfenförmig zusammen. Neugierig sah ich nach, was darin war und sog sofort scharf die Luft ein. Das war doch … Eingeschlagen in elfenbeinfarbenes Seidenpapier lag eine dickwandige Flasche, die ungefähr die Größe einer Zigarettenschachtel hatte, jedoch an den Ecken abgerundet war. Vorsichtig hob ich sie heraus und starrte darauf. Auf dem Glas klebte ein elfenbeinfarbenes Etikett, darauf stand, in zartrosa Schrift, *Honey Rose*.

Blinzelnd starrte ich auf diese Worte. War es Zufall, dass Vittorio mich genauso nannte wie Jonas? Ja, es musste wohl so sein.

Mir fingen die Beine an zu zittern und ich musste mich setzen. Eine ganze Reihe von unterschiedlichen Gefühlen durchlief meinen Körper. Behutsam drehte ich den Verschluss auf und schnupperte am Inhalt des Flakons. Sofort schossen mir Tränen in die Augen. Ich konnte mich noch gut an die sanften Blütendüfte erinnern, an denen Vittorio mich hatte riechen lassen und aus denen er das Parfüm für mich zusammengesetzt hatte. Jetzt war noch etwas dazu gekommen. Etwas Scharfes, Pfeffriges, eine Note, die nur aus einem winzigen Hauch bestand, der den Duft dabei wunderbar ergänzte und abrundete.

Unter dem Seidenpapier lugte die Ecke eines Umschlags hervor. Mit bebenden Fingern griff ich danach. Es lag kein Brief darin, sondern ein USB-Stick, den ich erst einmal ratlos zwischen den Fingern drehte. Bis ich den Zettel im Umschlag entdeckte. „Ascoltami – Hör mich an", stand darauf.

Ich steckte den Stick in meine Musikanlage, drehte sie laut auf und Sekunden später erfüllte Vittorios tiefe, sanfte Stimme den Raum.

„Liebe Hanni", sagte er. „Als du Ceriale verlassen hast, dachte ich, ich würde dich nie mehr wiedersehen wollen und ich dachte auch, dass ich dir nie würde verzeihen können. Es hat mich so tief getroffen, von dir und diesem jungen Mann zu erfahren. Doch kaum warst du weg, habe ich angefangen, nachzudenken. Darüber, dass ich dir gar keine Gelegenheit gegeben habe, die Dinge zu erklären. Dazu kam, dass ich mich in deiner Gegenwart so wohl gefühlt habe wie schon lange nicht mehr. Wollte ich das alles einfach so über den Haufen werfen? Hin- und hergerissen zwischen meiner Verletztheit einerseits und der Sehnsucht nach dir andererseits ist mir mehr als überdeutlich klar geworden, dass ich dich nicht verlieren möchte. Darum habe ich das Parfüm für dich fertig kreiert. Zusätzlich zu den Ingredienzien, die du bereits kennst, habe ich eine Prise rosa Pfeffer hinzugefügt. Ich finde, dein persönlicher Duft verträgt diesen Hauch von Würze ...

Da ich weiß, dass ein Parfüm immer nur dann perfekt ist, wenn es sich auf der Haut der Trägerin entfaltet, interessiert es mich natürlich brennend, wie es dir steht. Ob du es magst. Ob du es annehmen wirst. Ob du meine Entschuldigung annehmen wirst. Und mir die unendliche Freude machen würdest, das Ergebnis selbst wahrzunehmen. Ich kann es kaum erwarten zu erfahren, ob wir uns wiedersehen werden. Ob ich dich erschnuppern darf."

Die Worte schnürten mir fast die Kehle zu. Ungeduldig zu erfahren, wie das Ergebnis geworden war, öffnete ich die Flasche und tupfte ein paar Tropfen des Inhalts auf mein Handgelenk. Es war unbeschreiblich. Ein genauso gradliniger wie sinnlicher Duft entfaltete sich auf meiner Haut. Ja, jetzt verstand ich sehr gut, warum Vittorio den Duft *Honey Rose* getauft hatte.

Ich griff nach der Visitenkarte, die unten in der Schachtel lag. Ein wenig würde ich ihn noch zappeln lassen. Schließlich hatte er schmerzhaft lange gebraucht, um seinen Stolz zu überwinden. Aber dann …

„Ja", sagte ich nach einer Weile leise zu mir. „Dieser Duft ist wie gemacht für eine zweite Begegnung." Ach was. So glücklich, wie mein Herz gerade schlug, für viele weitere Begegnungen. Und noch viel mehr.